DAS GROSSE Quizbuch

DAS GROSSE
QUIZBUCH

?!

ÜBER 2.000

NEUE FRAGEN UND ANTWORTEN

AUS ALLEN WISSENSGEBIETEN

C. RUSCH UND C. HIRSON

Weltbild

INHALT

Der Text dieses Buches folgt den neuen Regeln der deutschen Rechtschreibung.

Weltbild Buchverlag

Text:
Caroline Rusch und Christina Hirson
Einbandgestaltung · Layout · Illustration · Satz:
Kirsten Straßmann · Recklinghausen
Druck und Bindung:
Druckerei Ernst Uhl · Radolfzell

Gedruckt auf chlorfrei gebleichtem Papier
Printed in Germany
ISBN 3-89604-604-7

Der Mensch und sein Ambiente

VOM SCHLÜSSELBEIN BIS ZUR BLUE JEANS

1 _____ Wie heißt das Knochengerüst, das unseren Körper stützt?

2 _____ Welches ist der längste Knochen des menschlichen Körpers?

3 _____ Woraus bestehen die leckeren Kroketten?

4 _____ Kaviar gehört zu den Luxusgütern. Woher kommt diese Delikatesse?

5 _____ Wie nennt man eine Zweitfrisur noch?

6 _____ Wie entsteht ein Schlaganfall?

1_____ Das Knochengerüst des Menschen heißt Skelett.

2_____ Der Oberschenkelknochen, auch Femur genannt.

3_____ Kroketten sind kleine frittierte Rollen
aus Kartoffelteig, umhüllt von einer Panade.

4_____ Kaviar besteht aus den Rogen (Fischeiern) des Stör.

5_____ Eine Perücke.

6_____ Ein Blutgerinnsel entsteht, und die Blutzufuhr
zum Gehirn ist unterbrochen.

7____ Trugen die Männer in den Siebzigerjahren Plateauschuhe?

8____ Die Menschen haben ein Gleichgewichtsorgan. Wo befindet es sich?

9____ Welches Volk tanzt den Kriegstanz, der Haka genannt wird?

10____ Der Mensch hat, wie die Geige, eine Schnecke. Wo sitzt diese?

11____ In Bayern gibt es einen beliebten Brauch, um zur Liebsten zu kommen. Welchen?

12____ Welches unrühmliche Ende fand die arme Anna Boleyn?

13____ Die Entzündung der Ohrspeicheldrüse bewirkt, dass der Kopf ganz viereckig anschwillt. Wie heißt diese Kinderkrankheit?

14____ Welchem griechischen Held und Halbgott waren die zwölf Arbeiten nicht zu schwer?

15____ Adam gab Eva eine Rippe. Demnach müssten Männer und Frauen eine verschiedene Rippenanzahl haben. Stimmt das?

16____ Die Zunge kann vier Geschmacksrichtungen unterscheiden. Welche?

17____ Beißt man in ein Profiterole, schmeckt man sofort die süße Füllung. Was ist drin?

7____ Ja.

8____ Im Innenohr,
das auch Labyrinth genannt wird.

9____ Das Volk der Maori,
der Ureinwohner Neuseelands.

10____ Die Schnecke sitzt im Innenohr.

11____ Es handelt sich um das Fensterln, – heimlich
über eine Leiter ins Schlafzimmer zu steigen.

12____ Ihr Mann, Heinrich VIII.,
ließ sie enthaupten.

13____ Diese Kinderkrankheit
heißt Mumps und im Volksmund
auch Ziegenpeter.

14____ Dem starken Herkules.

15____ Nein, beide Geschlechter
haben die gleiche Anzahl,
nämlich 24.

16____ Die Zunge kann zwischen süß, sauer,
salzig und bitter unterscheiden.

17____ Schokolade.

18___ Was bedeutet
Hämophilie?

19___ „Bitte einen Gimlet“, sagt Rita Hayworth
in einer Filmszene. Was meint sie?

20___ Wie wird die gallertartige Flüssigkeit
im Augapfel noch genannt?

21___ Was ist ein Reifrock?

22___ Wo befindet sich im menschlichen Körper
ein Hammer?

23___ Früher benutzten elegante Damen Fächer,
um sich zu kühlen. Woher kamen diese?

24___ Welchen Gegenstand verehren
die Moslems ganz besonders?

25___ November ist Schnupfenzeit.
Wie heißen die Erreger?

26___ Was tun amerikanische Kinder
an Halloween?

27___ Wer begründete die Psychoanalyse,
um Seelen- und Gemütskrankheiten zu heilen?

28___ Wie heißt die geheimnisvolle Dame im Louvre,
gemalt von Leonardo da Vinci?

29___ Was bedeutet es, wenn jemand an Myopie leidet?

18___ Damit wird die Bluterkrankheit bezeichnet, die nur bei Männern vorkommt.

19___ Einen Drink, bestehend aus Gin oder Wodka mit gesüßtem Limettensaft.

20___ Man nennt sie humor aquaeus, was so viel wie „wasserartige Flüssigkeit" heißt.

21___ Ein durch Gestelle oder Reifen gesteifter und gespreizter Rock.

22___ Der Hammer befindet sich im Innenohr.

23___ Die Fächer wurden aus dem alten China importiert.

24___ Die Kaaba, einen schwarzen Stein, der sich in Mekka befindet.

25___ Viren sind Erkältungserreger.

26___ Sie verkleiden sich gruselig und gehen von Haus zu Haus, um Süßigkeiten zu erbitten.

27___ Der Wiener Arzt Sigmund Freud.

28___ La Gioconda, besser unter dem Namen Mona Lisa bekannt.

29___ Er leidet unter Kurzsichtigkeit.

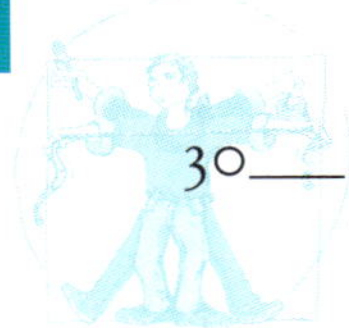

30___ Welche hornartige Substanz
finden wir in Haaren, Nägeln und Haut?

31___ Tibia und Fibula –
wo finden sich diese?

32___ Welches Gewürzkraut wird beim italienischen
Fleischgericht Saltimbocca verwendet?

33___ Wie lange dauert es, bis 0,8 Promille
Blutalkohol abgebaut sind?

34___ Die Wirbelsäule hat einen markanten Abschluss.
Wie heißt er?

35___ Im Sommer schmeckt nichts besser als eine kühle
Gazpacho. Welche Gemüse sind darin zu finden?

36___ Welches Gewand trugen die römischen Senatoren?

37___ Was versteht man unter
der REM-Phase?

38___ Wie heißt die Öffnung im Schädelknochen
des Kleinkindes?

39___ Ein Vatermörder ist kein Verbrecher,
sondern ein Kleidungsstück. Welches?

40___ Welcher russische Kosmonaut
war der erste Mann im Weltraum?

41___ Was versteht man unter dem Zentralnervensystem?

30___ Diese Substanz heißt Keratin.

31___ Im Unterschenkel: Es handelt sich um das Schienbein und das Wadenbein.

32___ Salbeiblätter, die mit Schinken zu dieser Kalbsroulade gehören.

33___ Es dauert ca. acht Stunden, bis der Alkohol wieder abgebaut ist.

34___ Das Steißbein.

35___ Gurken, Tomaten, Zwiebeln und Chilischoten.

36___ Eine Toga, je nach Verdienst mit einer Purpurborte.

37___ Das ist die Rapid-Eye-Movement-Phase, in der sich während der Traumphase im Tiefschlaf das geschlossene Auge heftig bewegt.

38___ Diese Knochenlücke heißt Fontanelle.

39___ Ein steifer Halskragen, der zwischen 1800 und 1840 todschick war.

40___ Juri Alexejewitsch Gagarin.

41___ Rückenmark und Gehirn.

42___Was tut eine Hebamme?

43___Zu welchem Gedenken wird das jüdische Fest Seder gefeiert?

44___Wer betrat als erster Mensch den Erdtrabanten?

45___Welche Viren sind in der Schwangerschaft für das Kind sehr gefährlich?

46___Deutsche Kinder gehen gerne zum Martinszug. Was machen sie da?

47___Für welches Verbrechen hing man den berüchtigten Dr. Crippen?

48___Schwitzen ist manchmal wirklich lästig, aber sehr wichtig. Weshalb?

49___Wie heißt das Nervengewebe, das die beiden Gehirnhälften miteinander verbindet?

50___Wie heißt das berühmte spanische Getränk aus Brandy, Rotwein, Fruchtsaft und Zucker?

51___Was bedeutet „Stout“?

52___Jeder weiß, was ein Pförtner ist. Was ist jedoch der Pförtner im Körper?

53___Woher kommt Seide ursprünglich und wer produziert sie?

42___ Sie hilft einer Frau, ihr Kind
auf die Welt zu bringen.

43___ Dieses Fest soll an den Auszug
der Juden aus Ägypten erinnern.

44___ Der Amerikaner Neil Armstrong
war als Erster auf dem Mond.

45___ Röteln gefährden
das ungeborene Kind schwer.

46___ Sie gehen nachts mit selbst gebastelten Laternen
und singen: „Laterne, Laterne ...“

47___ Er hatte seine Ehefrau umgebracht.

48___ Es dient der Regulierung und Reduzierung
der Körpertemperatur.

49___ Das Corpus Callosum.

50___ Sangria.

51___ Ein dunkles, starkes Bier aus England.

52___ Ein ringförmiger Schließmuskel
am Magenausgang.

53___ Der kostbare Stoff kam aus China,
der Faden stammt von Seidenraupenpuppen.

54___ Was passiert, wenn einem Menschen der Blutgerinnungsfaktor 8 fehlt?

55___ Kann man Glatzenbildung erfolgreich behandeln?

56___ Vornehme Römerinnen brauchten sehr viele Haarnadeln. Wozu?

57___ Wie viele Milchzähne hat ein Kind?

58___ Welche Menschen wurden für gewöhnlich in ungeweihter Erde vergraben?

59___ Wie nennt man die Lehre vom Alter?

60___ Wann streuen sich gläubige Katholiken Asche aufs Haupt?

61___ Wie nennt man die Knochen des Rückgrats?

62___ Wo findet man die Retina?

63___ Wie heißt der friedliebende Held aus der Familie der Hobbits?

64___ Ist heftiges Fieber eigentlich eine Krankheit?

65___ Welcher englische König erhielt den ehrenvollen Beinamen „Löwenherz"?

66___ Welche Organe produzieren Urin?

54___ Ist es ein Junge,
so hat er die Bluterkrankheit.

55___ Bisher wurde noch kein wirksames Mittel gefunden.

56___ Für ihre hohen Frisuren. Die Flavierinnen
z. B. trugen wahre Bienenkörbe auf dem Haupt.

57___ Ein Kind hat zuerst 20 Milchzähne.

58___ Die Selbstmörder. Heute allerdings
wird das nicht mehr praktiziert.

59___ Die Gerontologie.

60___ Am Aschermittwoch,
wenn Fasching oder Fastnacht vorbei ist.

61___ Diese beweglich miteinander verbundenen
Knochen nennt man Wirbelsäule.

62___ Die Retina oder Netzhaut befindet sich im Auge.

63___ Bilbo Beutlin, der kleine Hobbit.

64___ Nein, das Fieber ist ein Symptom
einer Krankheit, z. B. Grippe.

65___ Richard I. war Richard Löwenherz.

66___ Die Nieren produzieren
dieses flüssige Ausscheidungsprodukt.

67___Die Arterien übernehmen
eine verantwortungsvolle Aufgabe. Welche?

68___Aus welcher Gegend Frankreichs
kommen die Trüffeln?

69___Woraus besteht eine Remoulade?

70___Wer entdeckte die Antibabypille?

71___Warum trugen feine Damen früher
stets Handschuhe?

72___Wie heißt der senkrechte Knochen,
der mitten durch die Brust geht?

73___Wie wird der moderne Mensch
entwicklungsgeschichtlich genannt?

74___Welche Hose hat einen beispiellosen
Siegeszug über die Welt angetreten?

75___Wie heißen die ersten Zähne,
die auch wieder ausfallen?

76___Wie wird der Tag vor
dem Faschingsdienstag genannt?

77___An welches spanische Brauchtum denkt
man bei der Stadt Pamplona?

78___Wie heißt der berühmte Urmensch, den man
auch als homo afarensis kennt?

67___Sie sorgen für den Bluttransport
vom Herzen weg.

68___Aus dem Périgord.

69___Aus Mayonnaise, gehackten sauren Gurken,
Kapern und Anchovis.

70___Gregory Pincus.

71___ Die Etikette schrieb es vor,
da eine nackte Hand als unschicklich galt.

72___Er heißt Sternum
oder Brustbein.

73___ Homo sapiens sapiens.
Der wissende, verständige Mensch.

74___Die Blue Jeans, hergestellt 1850
als Arbeitshose von Levi Strauss.

75___ Die ersten Zähne
heißen auch Milchzähne.

76___Der Rosenmontag.

77___An den Stierkampf.

78___Diese Dame heißt Lucy
und lebte in der afrikanischen Steppe.

79___Man sagt, dass Nägel und Haare nach dem Tod weiterwachsen. Stimmt das?

80___Kains Bruder hatte den besseren Charakter. Wie war sein Name?

81___Welche ägyptische Königin war die Geliebte von Mark Anton und Cäsar?

82___Zwischen den Arterien und Venen fließt Blut in winzigen Gefäßen. Wie heißen diese?

83___Welche Gefäße sind für den Bluttransport vom Herzen weg verantwortlich?

84___Die italienische Küche ist bekannt für ihren Prosciutto. Was ist das?

85___Was macht den typischen Geschmack des Pesto aus?

86___Was bedeutet Evolution?

87___Woher kommt alles Leben?

88___Die schöne Marquise de Pompadour gab der „Pompadour“ ihren Namen. Was ist das?

89___Seit wann gibt es Nylonstrümpfe?

90___Stammt der Mensch vom Affen ab?

79 Ja.

80 Kains Bruder hieß Abel.

81 Die legendäre Kleopatra.

82 Die feinsten Blutgefäße heißen Kapillaren oder Haargefäße.

83 Es handelt sich um die Arterien oder Schlagadern.

84 Ein Schinken, besonders gut schmeckt der Parmaschinken.

85 Basilikum, Olivenöl, Schafskäse, Knoblauch und Pinienkerne.

86 Die Entwicklung des Lebens auf der Erde.

87 Der Ursprung des Lebens liegt im Element Wasser.

88 Eine beutelartige Damenhandtasche.

89 Seit 1940 gibt es Nylonstrümpfe.

90 Nein. Beide Primaten haben wohl einen gemeinsamen Vorfahr, aber sie stammen nicht direkt voneinander ab.

91___ Wer nimmt wohl an einem Pow-Wow teil?

92___ Was soll verhindern, dass ein Vampir sein Unwesen treibt?

93___ Die Menschen haben eine fast unzerstörbare harte Substanz im Körper. Wie heißt sie?

94___ Männer haben eine deutliche Ausbuchtung am Kehlkopf. Wie heißt diese im Volksmund?

95___ Auf welchem Berg wohnen die griechischen Götter?

96___ Wer ist der König der griechischen Götterwelt?

97___ Der Mensch hat eine größere Leber, als er eigentlich bräuchte. Ist das wahr?

98___ Ein Nervengewebe, Corpus Callosum genannt, verbindet zwei ganz wesentliche Teile des Gehirns. Welche?

99___ Zu welcher Fischart ist der Rollmops zu zählen?

100___ Die asiatische Küche beschert uns den Tofu. Woraus besteht er?

101___ Welche mutige englische Modeschöpferin kreierte den Minirock?

102___ Worauf beziehen sich die beiden Zahlen beim Blutdruckmessen genau?

91___Amerikanische Indianer.

92___Ein Pfahl durchs Herz
und eine gewaltige Menge Knoblauch.

93___Unter dem Zahnschmelz
liegt das äußerst harte Dentin.

94___Den Schildknorpel des Kehlkopfes
nennen wir Adamsapfel.

95___Auf dem Olymp in Griechenland.

96___Der Blitze schleudernde Zeus.

97___Ja. Die Leber ist die größte Drüse
des Menschen.

98___Es verbindet
die beiden Gehirnhälften miteinander.

99___Zu den Heringen.

100___Aus festem Sojaquark.

101___Mary Quant erfand den Minirock
in den Sechzigerjahren.

102___Die höhere Zahl misst den systolischen Druck
(der höchste Ausschlag der Herzfrequenz),
die andere Zahl misst den diastolischen Druck
(Herzschlag während der Ruhe).

103__ Was haben übermäßiger Haarwuchs und die Fähigkeit, mit den Ohren zu wackeln, gemeinsam?

104__ Was versteht man unter einem „Falschen Wilhelm“?

105__ Wie hoch ist die durchschnittliche Pulsfrequenz eines Erwachsenen in der Ruhephase?

106__ Zu welchem Fest verweigert der Moslem Essen und Trinken?

107__ Die australischen Aborigines haben einen Namen für die Zeit der Weltschöpfung. Welchen?

108__ Wie viel Luft passt maximal in die Lunge?

109__ Ist das Dentin hart oder weich?

110__ Welcher legendäre Seefahrer machte die Meere unsicher?

111__ Gegen welchen Diktator kämpften die amerikanischen Soldaten im Golfkrieg?

112__ Wie viele Knochen hat die menschliche Hand?

113__ Der menschliche Brustkorb besteht aus Rippenpaaren. Wie viele davon besitzen wir?

114__ Aus welchem Land kommt das berühmte Gebäck „Brioche“?

115__ Wie nennt man die kleinsten Blutgefäße?

103__ Beides sind Atavismen, das bedeutet Eigenschaften, die die Evolution als für den Menschen unnötig zurückentwickelt hat.

104__ Ein künstliches Haarteil, um Fülle vorzutäuschen.

105__ Der Ruhepuls beträgt etwa 70 Schläge in der Minute.

106__ Zu Ramadan.

107__ Diese Zeit nennen sie Dreamtime.

108__ Das Lungenvolumen fasst ca. 5 Liter Luft.

109__ Das Dentin oder Zahnbein ist sogar sehr hart.

110__ Sindbad, der Seefahrer.

111__ Gegen den Iraker Saddam Hussein.

112__ Die menschliche Hand besteht aus 27 Knochen.

113__ Der Mensch besitzt zwölf Rippenpaare.

114__ Aus Frankreich.

115__ Man nennt sie Kapillaren oder Haargefäße.

116__ Welcher Geschmack ist typisch für den Likör Amaretto?

117__ Unsere Lungen werden vom Skelett geschützt. Von welchem Teil?

118__ Wie heißt die Rolle aus Fell, in die wir die kalten Hände stecken?

119__ Was ist eine Bandana?

120__ Unsere Haut ist mit Millionen winziger Löcher übersät. Wie heißen sie?

121__ In Japan gab und gibt es ein Selbstmordritual. Wie heißt es?

122__ Welche Sitte beschloss wichtige Verhandlungen bei den amerikanischen Indianern?

123__ Welcher hohe amerikanische Politiker wurde während eines Theaterbesuchs erschossen?

124__ Wie heißen die Strahlen, mit deren Hilfe man einen Knochenbruch sehen kann?

125__ Wer erfand die Röntgenstrahlen?

126__ Welcher literarische Charakter ist bekannt für folgende vernichtende Worte: „Ehrlich gesagt, meine Liebe, es ist mir ganz egal.“?

116__ Der Geschmack nach Mandeln.

117__ Der Brustkorb schützt unsere Lungen.

118__Dieses Kleidungsstück heißt Muff.

119__ Das Tuch, das die Cowboys über
Nase und Mund tragen.

120__ Sie heißen Poren
und dienen der Sauerstoffaufnahme.

121__ Harakiri bezeichnet den Selbstmord
mit einem kurzen Schwert.

122__ Das Rauchen einer Friedenspfeife,
dem Kalumet.

123__ Abraham Lincoln wurde 1865 ermordet.

124__ Die Röntgenstrahlen machen
unsere Knochen sichtbar.

125__ Der deutsche Physiker Wilhelm Conrad Röntgen
im Jahre 1895.

126__ Rhett Butler in der letzten Szene des Buches
„Vom Winde verweht“ von Margaret Mitchell.

127__ Wie heißen die vier Hauptblutgruppen?

128__ Ein bestimmter Faktor im Blut ist nach einem Äffchen benannt. Wie heißt er?

129__ Wie heißt ein kastenförmiges, dunkles und sehr würziges Brot?

130__ Wie nennt man die italienischen Teigröllchen, gefüllt mit Hackfleisch und Kräutern?

131__ Wo kann man Männer in langen Kaftanen sehen?

132__ Warum muss man beim Röntgen eine Bleischürze anziehen?

133__ Bei kleineren Operationen bekommt der Patient nur eine Lokalanästhesie. Was ist das?

134__ Welche Farbe hat ein Hut aus Panamastroh?

135__ Der Mensch atmet mit schwammartigen Organen. Wie werden diese genannt?

136__ Wie küssen sich die Inuit, die Eskimos?

137__ Welche Organisation schickt ihren Feinden einen toten Fisch und warum?

138__ Die oberste Hautschicht hat einen ganz bestimmten Namen. Wie lautet dieser?

139__ Zwei der berühmtesten Tennisspieler stammen aus Deutschland? Wie heißen sie?

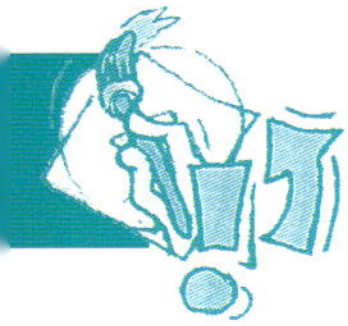

127__ Die vier Hauptblutgruppen heißen A, AB, B, O.

128__ Der Rhesusfaktor, den man zuerst beim Rhesusaffen entdeckte.

129__ Diese Brotsorte nennt man Pumpernickel.

130__ Cannelloni. Sie werden meist mit einer Tomatensoße übergossen und mit Käse überbacken.

131__ Im Mittleren Osten und Nordafrika.

132__ Um den Körper vor der Strahlung zu schützen.

133__ Eine örtliche Betäubung.

134__ Der Hut ist naturfarben beige.

135__ Unsere Atmungsorgane sind die Lungen.

136__ Sie reiben ihre Nasen aneinander.

137__ Die italienische Mafia. Den Empfänger erwartet nichts Gutes.

138__ Die oberste Hautschicht heißt Epidermis.

139__ Steffi Graf und Boris Becker.

140__ Was nutzt der Mensch zur Erzeugung von Tönen?

141__ Welcher große Franzose nahm dem Papst die Krone aus der Hand und krönte sich selbst zum Kaiser?

142__ Dass der Darm sehr lang ist, ist bekannt. Welcher aber ist nun länger, der Dick- oder der Dünndarm?

143__ Es gibt eine alte chinesische Heilmethode, bei der mit Nadeln gearbeitet wird. Wie heißt sie?

144__ Was kann man aus der leicht bitteren Endivienstaude zubereiten?

145__ Woraus besteht der klare Schnaps, der vorzugsweise auf dem Balkan gebrannt wird?

146__ Welche Fähigkeit unterscheidet uns von den Tieren?

147__ Welcher Körperbau ist Arnold Schwarzenegger zuzuordnen?

148__ Was trägt ein überzeugter Moslem auf dem Kopf?

149__ Ein Südwester ist kein Schiff. Was dann?

150__ Wie heißt der Knochengürtel, der die Beine mit der Wirbelsäule verbindet?

151__ Wo wachsen Babys heran?

152__ Was zeichnet eine gute bayerische Lederhose aus?

140__ Die Vibration der Stimmbänder.

141__ Napoleon Bonaparte.

142__ Der Dickdarm ist nur etwa 1,8 m lang, der Dünndarm hingegen misst ca. 6 m.

143__ Dieses traditionelle Heilverfahren wird Akupunktur genannt.

144__ Einen würzigen Salat oder auch ein bekömmliches Gemüse.

145__ Der Slibowitz ist ein hochprozentiger Pflaumenbranntwein.

146__ Die Fähigkeit, durch Sprache miteinander zu kommunizieren.

147__ Er ist von athletischem Körperbau.

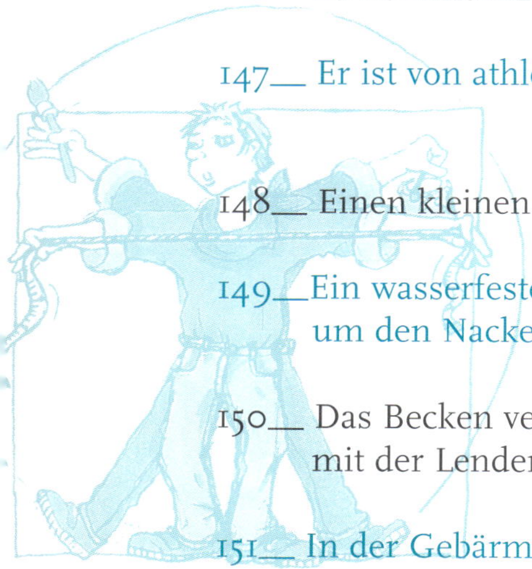

148__ Einen kleinen Hut, Fez genannt.

149__ Ein wasserfester Hut mit einem breiten Rand, um den Nacken zu schützen.

150__ Das Becken verbindet unsere Beine mit der Lendenwirbelsäule.

151__ In der Gebärmutter, auch Uterus genannt.

152__ Sie bleibt stehen, wenn man sie auszieht.

Geschichte

VON SITTING BULL BIS ZUM „EISERNEN KANZLER“

1____ Wie viele Ehefrauen hatte Heinrich VIII.?

2____ Wer war George Washington?

3____ Welche französische Nationalheldin wurde nach einem Hexenprozess auf dem Scheiterhaufen verbrannt?

4____ Aus welchem Grund sank die Titanic im Jahre 1912?

5____ Welches Land wurde von Kleopatra regiert?

6____ Welcher französische Staatsmann krönte sich im Jahre 1804 selbst zum Kaiser?

7____ Welcher englische Admiral gewann die Schlacht bei Trafalgar?

1____ Sechs.

2____ Der erste Präsident der Vereinigten Staaten.

3____ Jeanne d'Arc
oder Johanna von Orléans.

4____ Das Schiff rammte einen Eisberg.

5____ Ägypten.

6____ Napoleon Bonaparte.

7____ Horatio Nelson.

8____Wer war bis zu seinem Tode im Jahre 1975 Diktator in Spanien?

9____Welcher Admiral befehligte die deutsche Marine im 1. Weltkrieg?

10____Welcher afro-amerikanische Bürgerrechtler wurde 1968 in Memphis ermordet?

11____ In welcher Armee spielte Moshe Dayan eine wichtige Rolle?

12____ Wie wurden die russischen Staatsoberhäupter vor der Revolution von 1917 genannt?

13____ Wo glaubte Kolumbus zu sein, als er 1492 Amerika entdeckte?

14____ Welcher amerikanische Präsident wurde berühmt, weil er die Sklaverei abschaffte?

15____ Aus welchem Land kamen die Inka?

16____In welcher Schlacht besiegte Sitting Bull seinen Widersacher General Custer?

17____ Wer flog als erster nonstop über den Atlantik?

18____ Welche Stadt wurde am Ende des 2. Weltkriegs in vier Sektoren aufgeteilt?

19____Wer war für die Ermordung Cäsars verantwortlich?

20____Was wurde 1848 in Kalifornien entdeckt?

8____Francisco Franco.

9____General Tirpitz.

10___Martin Luther King Jr.

11___ In der israelischen Armee.

12___ Zaren.

13___ In Indien.

14___ Abraham Lincoln.

15___ Aus Peru.

16___ In der Schlacht am Little Bighorn.

17___ Charles Lindbergh.

18___ Berlin.

19___ Brutus.

20___Gold.

21___ Unter welchem Namen war Baron
Manfred von Richthofen besser bekannt?

22___Wofür wurde Ferdinand, Graf von Zeppelin, berühmt?

23___ In welcher Stadt wurde Erzherzog Franz Ferdinand ermordet und so der 1. Weltkrieg ausgelöst?

24___In welchem Jahr wurde Amerika von England unabhängig?

25___ Durch welches Reich wurde das Römische Reich abgelöst?

26___Zwischen welchen beiden Ländern fand der Hundertjährige Krieg statt?

27___In welchem amerikanischen Staat siedelten die ersten Engländer?

28___Aus welcher französischen Stadt wurden 1940 mehr als 330.000 alliierte Truppen evakuiert?

29___In welchem Land begann die industrielle Revolution?

30___Wer waren im 16. Jahrhundert die Konquistadoren?

31___ Wie hieß der russische Mönch, der angeblich die Bluterkrankheit des Zarewitsch behandeln konnte?

32___ Was löste 1929 die Weltwirtschaftskrise aus?

21___Unter dem Namen „Der rote Baron“.

22___Für seine Erfindung des ersten brauchbaren Luftschiffs.

23___ Sarajevo.

24___Im Jahre 1776.

25___ Durch das Byzantinische Reich.

26___Zwischen England und Frankreich von 1337–1453.

27___Im Staat Virginia, in Jamestown.

28___Aus Dunkerque, zu deutsch Dünkirchen.

29___In England.

30___Spanische Heerführer, die die Neue Welt eroberten.

31___ Rasputin.

32___Der Kurssturz an der New Yorker Börse.

33___ Welche Armee war für ihre Schwarzhemden-Uniform bekannt?

34___ Welcher amerikanische Gangster war auch unter dem Namen „Scarface“, „Narbengesicht“, bekannt?

35___ Welcher Vertrag besiegelte das Ende des 1. Weltkriegs?

36___ Wie hieß der adlige japanische Kriegerstand, der im 11. Jahrhundert an die Macht kam?

37___ Welches Königsgrab wurde im Jahre 1922 fast unversehrt gefunden?

38___ In welchem Krieg wurde zum ersten Mal ein Panzer eingesetzt?

39___ Welche französische Provinz regierte Wilhelm der Eroberer als Herzog?

40___ Wer waren die beiden Kontrahenten im Rosenkrieg?

41___ Wie hieß der Krieg, der zwischen 1853 und 1856 zwischen Russland und den alliierten Mächten der Türkei, England, Frankreich und Sardinien geführt wurde?

42___ Wozu benutzten die Franzosen die Bastille?

43___ Welcher italienische General eroberte Neapel und Sardinien im Jahre 1860 mit der Hilfe von 100 Freiwilligen, was zur Bildung des italienischen Königreichs führte?

33___ Die italienischen Faschisten in den Zwanziger- und Dreißigerjahren.

34___ Al Capone.

35___ Der Versailler Vertrag.

36___ Die Krieger hießen Samurai.

37___ Das Grab des Tutenchamun.

38___ Im 1. Weltkrieg.

39___ Die Normandie.

40___ Die Herzogshäuser von York und Lancaster.

41___ Der Krimkrieg.

42___ Als Gefängnis, vor allem für politische Häftlinge.

43___ Giuseppe Garibaldi.

44___Welcher deutsche Staatsmann führte den Beinamen „Eiserner Kanzler"?

45___Wie hieß Königin Victorias Ehemann?

46___Anlässlich der Scheidung von welcher Frau brach Heinrich VIII. mit der römisch-katholischen Kirche?

47___Welches Land wurde von Nebukadnezar II. beherrscht?

48___Welcher amerikanische Geheimbund wurde mit der Absicht gegründet, die schwarze Bevölkerung durch Terrorakte am Wählen zu hindern?

49___Wie hieß die (imaginäre) Grenze, die vor dem Ausbruch des amerikanischen Bürgerkriegs zwischen den so genannten „Sklavenstaaten" und den „Freien Staaten" verlief?

50___Welchen Namen gab man den Prozessen, in denen führende Nazis 1945 wegen ihrer Kriegsverbrechen vor Gericht standen?

51___ Nach dem Tod welches Staatsmannes wurde Georgi Malenkow russisches Staatsoberhaupt?

52___Welcher französische Staatsmann wurde als „Der kleine Korporal" bekannt?

53___ Wie hießen die gemäßigten Republikaner während der Französischen Revolution?

54___Was wurde aus dem Britischen Reich im Jahre 1931?

44___Otto von Bismarck.

45___Albert, Prinz von Sachsen-Coburg-Gotha.

46___Von seiner ersten Gattin Katharina von Aragon.

47___Er herrschte in Babylon.

48___Ku-Klux-Klan.

49___Die Mason-Dixon-Linie.

50___Die Nürnberger Prozesse.

51___ Josef Stalin.

52___ Napoleon Bonaparte.

53___ Die Girondisten.

54___Der Britische Commonwealth.

55___ Wer schrieb die amerikanische Unabhängigkeitserklärung?

56___ Wer waren die „Mau Mau“?

57___ Um wen handelte es sich bei den so genannten „Neunundvierzigern“?

58___ Wer waren die Romanovs?

59___ Wie hieß die Republik, die dem Dritten Reich in Deutschland vorausging?

60___ Welchen Krieg führten Südafrika und England von 1899 bis 1902?

61___ Welches Ereignis löste, laut der griechischen Mytholgie, den Trojanischen Krieg aus?

62___ Wie lange währte der Hundertjährige Krieg?

63___ Welcher römische Gladiator führte im Jahre 71 v. Chr. einen Sklavenaufstand an?

64___ Welcher König erlitt im englischen Bürgerkrieg eine Niederlage?

65___ Welches vorgeschichtliche Zeitalter ging der Eisenzeit voraus?

66___ Wer war die erste englische Königin?

55___ Thomas Jefferson.

56___ Eine geheime Terrororganisation, die während der Fünfzigerjahre in Kenia aktiv war.

57___ Um Personen, die sich vom kalifornischen Goldrausch des Jahres 1849 anstecken ließen.

58___ Die russische Zarendynastie, deren Herrschaft mit der Abdankung von Nikolaus II. während der russischen Revolution endete.

59___ Die Weimarer Republik.

60___ Den Burenkrieg.

61___ Die Entführung der schönen Helena von Troja durch Paris.

62___ 115 Jahre.

63___ Spartakus.

64___ Charles I.

65___ Die Bronzezeit.

66___ Mary I.

67___Welche römische Stadt wurde durch den Ausbruch des Vesuv im Jahre 79 n. Chr. zerstört?

68___Welches Land litt besonders stark unter der so genannten „Großen Kartoffel-Hungersnot“ zwischen 1845 und 1849?

69___Welches muslimische Volk besetzte Spanien im 8. Jahrhundert und baute dort eine Zivilisation auf?

70___Welches Ereignis ist auf dem weltberühmten Teppich von Bayeux zu sehen?

71___ Wer kommandierte Hitlers Luftwaffe?

72___Wer gründete nach der Legende die Stadt Rom?

73___ Welche drei Staatsoberhäupter nahmen an der Konferenz von Jalta im Jahre 1945 teil?

74___Wer wurde nach dem Tod des Tiberius Kaiser von Rom?

75___ Welche Sioux-Häuptlinge verbündeten sich mit Sitting Bull in der Schlacht am Little Bighorn?

76___Woran soll der Arc de Triomphe in Paris erinnern?

77___Wie hieß London ursprünglich nach seiner Gründung durch die Römer?

78___Welches Schiff der britischen Marine war Schauplatz einer Meuterei im Jahre 1789, als es sich auf einer Handelsreise im Pazifik befand?

67___Pompeij.

68___Irland.

69___Die Mauren.

70___Die Eroberung Englands durch die Normannen im 11. Jahrhundert.

71___ Hermann Göring.

72___Romulus und Remus.

73___ Churchill, Roosevelt und Stalin.

74___Caligula.

75___ Crazy Horse und Gall.

76___An die Siege Napoleons.

77___ Londinium.

78___Die „Bounty“.

79___Wer war Hitlers Propagandaminister?

80___Wer war nach der griechischen Mythologie der Anführer der Griechen im Trojanischen Krieg?

81___Welcher Bruder Napoleons wurde König von Westfalen?

82___In welcher Schlacht siegte Wellington über Napoleon?

83___Wer hatte bei seinem Tode im Alter von 33 Jahren schon fast die ganze Welt erobert?

84___Wer wurde der erste Präsident der indonesischen Republik im Jahr 1945?

85___Wer sagte angeblich: „Lasst sie doch Kuchen essen!“, als ihr man ihr mitteilte, ihr Volk hätte kein Brot?

86___Unter welchem Namen war Thailand vor dem Jahr 1949 bekannt?

87___Welchen Namen trägt heute das ehemalige südliche Rhodesien?

88___In welchem Land hatten die Shogun die militärische und politische Macht?

89___Am 29.12.1890 wurden 200 Indianer von US-Truppen an einem Bach in Südwestdakota getötet. Unter welchem Namen wurde dieser Ort bekannt?

90___Wer war der Oberbefehlshaber von Hitlers Gestapo?

79___Joseph Goebbels.

80___Agamemnon.

81___ Jérôme Bonaparte.

82___In der Schlacht bei Waterloo.

83___ Alexander der Große.

84___Sukarno.

85___ Marie Antoinette.

86___Siam.

87___Zimbabwe.

88___In Japan.

89___Wounded Knee.

90___Heinrich Himmler.

91___ Welche Entdeckung machte es möglich, die ägyptischen Hieroglyphen zu entziffern?

92___ Auf welchem Gebiet war Clausewitz ein anerkannter Fachmann?

93___ Welche Linie von ägyptischen Königen begann mit einem der Feldherrn von Alexander dem Großen?

94___ In welchem Land gab es zwischen 1966 und 1968 eine Kulturrevolution?

95___ Wie heißt der französische literarische Charakter, der vornehmlich durch seine riesige Nase bekannt ist?

96___ Welche wichtigen historischen Dokumente wurden per Zufall in Höhlen bei Qumran entdeckt?

97___ Wladimir IV., auch „Der Pfähler" genannt, war im 15. Jahrhundert ein Prinz aus der Walachei. Welche literarische Figur inspirierte er?

98___ Welcher Kalender wurde in England bis zum Jahr 1752 benutzt?

99___ Welche Stadt im amerikanischen Staat Georgia ist dafür bekannt, dass General Sherman sie im amerikanischen Bürgerkrieg in Schutt und Asche legte?

100___ Wie heißt der italienische Kaufmann, der China unter der Herrschaft Kublai Khans beschrieb?

101___ Welche Institution hatte den Auftrag, die Ketzerei auf äußerst drastische Weise zu bekämpfen?

91___ Die des so genannten Rosettasteins.

92___In der Kriegsführung.

93___Die ptolemäischen Könige.

94___In der Volksrepublik China.

95___Cyrano de Bergerac.

96___Schriftrollen, deren Inhalt angeblich ein neues Licht auf den Inhalt der Bibel werfen soll.

97___Graf Dracula.

98___Der Julianische Kalender.

99___Atlanta.

100___Marco Polo.

101___ Die Inquisition.

102__ Was erwartet den Besucher in der Höhle von Lascaux in Frankreich?

103__ Wie hieß die Frau des römischen Kaisers Claudius, die für ihren lockeren Lebenswandel berüchtigt war?

104__ Die Atombombe wurde in der Kriegsführung zweimal als Waffe benutzt. Wo wurde sie abgeworfen?

105__ Auf welchem papierähnlichen Material schrieben die alten Ägypter?

106__ Welchen Namen gaben die nordvietnamesischen Sieger der Stadt Saigon?

107__ Welcher russische Präsident leitete die so genannte Perestroika ein?

108__ Wie hieß der erste englische Kapitän, der die Welt umsegelte?

109__ Wer war der erste römische Kaiser?

110__ Wer wurde in der Schlacht von Gettysburg geschlagen?

111__ Was wurde durch den Hadrianswall begrenzt?

112__ Wo wurde Johanna von Orléans verbrannt?

113__ Wer trat die Nachfolge von Zar Peter dem Großen an?

114__ Wie hieß der Präsident der Weimarer Republik?

102__ Höhlenmalereien aus der Steinzeit.

103__ Messalina.

104__ Über den japanischen Städten
Hiroshima und Nagasaki.

105__ Auf Papyrus.

106__Ho-Chi-Minh-Stadt.

107__ Michail Gorbatschow.

108__ Sir Francis Drake.

109__Kaiser Augustus.

110__ Die konföderierte Armee
im amerikanischen Bürgerkrieg.

111__ Der nördliche Teil des Römischen Reiches.

112__ In der französischen Stadt Rouen.

113__ Katharina die Große.

114__ Paul von Hindenburg.

115 Welche Länder verbündeten sich mit Francos Nationalisten im Spanischen Bürgerkrieg?

116 Welches Reich gründete Hammurapi?

117 Wer segelte auf der „Mayflower“ in die Vereinigten Staaten?

118 Wie nannte man die Kultur, die während der Bronzezeit auf der Insel Kreta heimisch war?

119 Wer führte in der Französischen Revolution die Jakobiner an?

120 In welchem Land schlug die Pest – auch der Schwarze Tod genannt – zuerst zu?

121 Welcher französische Herrscher war auch unter dem Namen „Sonnenkönig“ bekannt?

122 Wer schrieb das kommunistische Manifest?

123 Welches Land wollte die Spanische Armada auf dem Seeweg erobern?

124 Aus welcher Region kamen die Maya?

125 Welches Volk erfand das Alphabet?

126 Welchen nordamerikanischen Staat kauften die Amerikaner im Jahre 1803 Napoleon ab?

127 Welcher britische Monarch regierte am längsten?

115__ Deutschland und Italien.

116__ Das Babylonische Reich.

117__ Die so genannten Gründer– oder Pilgerväter.

118__ Die minoische Kultur.

119__ Robbespierre.

120__ In China.

121__ Ludwig XIV.

122__ Karl Marx und Friedrich Engels.

123__ England.

124__ Aus Mittelamerika.

125__ Die Phönizier.

126__ Louisiana.

127__ Königin Victoria.

128__ Wer wurde im Jahre 800 vom Papst zum Kaiser gekrönt?

129__ Wer war der letzte russische Zar?

130__ Welche königliche Familie regierte England von 1485 bis 1603?

131__ Welche Parteien führten den Peloponnesischen Krieg?

132__ Welcher römische Kaiser gilt als Gründer der Christenheit?

133__ Welche Tiere nahm Hannibal mit sich, als er die Alpen nach Italien überquerte?

134__ Wie hieß die Partei Lenins während der russischen Revolution?

135__ Welches bedeutende historische Dokument wurde im Jahre 1215 in England erlassen?

136__ Wer regierte Frankreich bei Ausbruch der französischen Revolution?

137__ Welche Länder bildeten die zentralen Mächte zu Beginn des I. Weltkrieges?

138__ Was befestigte Martin Luther am Kirchenportal in Wittenberg?

139__ Wer war der wichtigste Gegner Stalins im Kampf um Lenins Nachfolge?

128__ Karl der Große.

129__ Nikolaus II.

130__ Die Tudors.

131__ Athen gegen Sparta.

132__ Konstantin der Große.

133__ Elefanten.

134__ Bolschewiken.

135__ Die Magna Carta.

136__ Ludwig XVI.

137__ Deutschland, Österreich-Ungarn und die Türkei.

138__ Seine 95 Thesen.

139__ Leo Trotzki.

140__ Welche wichtige Wasserstraße wurde 1914 eingeweiht?

141__ Wie nannte man die französischen Protestanten im 16. und 17. Jahrhundert?

142__ Welches Ereignis löste den Dreißigjährigen Krieg aus?

143__ Welches Land wurde von Friedrich dem Großen regiert?

144__ Zu welchem Zweck wurden Kreuzzüge unternommen?

145__ Auf wie vielen Hügeln steht Rom und wie heißen sie?

146__ Gab es Wilhelm Tell, den Held der schweizerischen Befreiungssage, wirklich?

147__ Mit welchen drei Waffen pflegten die Gladiatoren zu kämfen?

148__ Aus welchem Grund errichteten die Germanen ihren Göttern keine Tempel?

149__ Wie heißt das Hauptwerk des Marxismus?

150__ Gab es den „Lügenbaron" Münchhausen wirklich?

140_ Der Panamakanal.

141_ Hugenotten.

142_ Der Prager Fenstersturz.

143_ Preußen.

144_ Europäische Christen wollten das Heilige Land erobern, das zu dieser Zeit von Muslimen regiert wurde.

145_ Auf sieben. Sie heißen Palatin, Kapitol, Quirinal, Viminal, Esquilin, Caelius und Aventin.

146_ Nein. Unsterblich wurde dieser Tyrannenmörder, der die Freiheitsliebe und die Kühnheit der Schweizer verkörpert, im gleichnamigen Drama von Friedrich Schiller.

147_ Mit Schwertern, Lassos und Netzen.

148_ Weil sie der Ansicht waren, dass sich ihre Götter nicht in vier Wände einschließen ließen.

149_ „Das Kapital“ von Karl Marx, dessen erster Band 1867 erschien.

150_ Ja. Er lebte von 1720 bis 1797.

151__ Was steht hinter der Abkürzung KZ?

152__ In welchem Jahr erschien erstmals in Deutschland eine Zeitung: 1660, 1720 oder 1740?

153__ Mit welchem Wort beschrieb Ludwig XVI. von Frankreich die Ereignisse des 17. Juli 1789 – des Tages der Erstürmung der Bastille – in seinem Tagbuch?

154__ In welchem Jahr wurde die Gleichberechtigung von Mann und Frau in der deutschen Verfassung verankert?

155__ Wie hieß der höchste Gott der Wikinger und wie wurde er dargestellt?

156__ Wer erfand Seife und Haarbürste – die Griechen, die Germanen oder die Römer?

157__ Wie hieß die Hauptstadt der Weimarer Republik?

158__ An welchem Fluss wurde der erste Staat der Erde gegründet: Nil, Euphrat oder Amazonas?

159__ Wie kam die römische Flotte nach Germanien?

160__ Wie lange währte das Tausendjährige Reich?

151__ Konzentrationslager. Hier haben die Nationalsozialisten Juden und politische Gegner eingesperrt und ermordet.

152__ 1660. Fünfmal wöchentlich erschien die „Leipziger Zeitung“.

153__ Dieser König interessierte sich nur für Schlosserarbeiten und die Jagd. Da er an diesem Tag nichts geschossen hatte, vermerkte er lediglich das Wort „Rien“ (Nichts).

154__ Im Jahr 1919.

155__ Odin. Er hatte nur ein Auge und ritt auf einem Pferd mit acht Beinen.

156__ Die Germanen. Die Bürsten bestanden aus einem Holzgriff mit Schweineborsten, die Seifen aus verbranntem Seetang oder Wollfett.

157__ Berlin. Ihren Namen erhielt die Republik von der 1919 in Weimar beschlossenen Verfassung.

158__ Am Nil. Dort gründete König Menes um 2800 v. Chr. das Ägyptische Reich.

159__ Sie umsegelte Spanien und gelangte in die Nordsee. Von dort aus fuhr sie flussaufwärts über Weser, Rhein und Elbe.

160__ 12 Jahre lang, von 1933 bis 1945.

161__ Welche politische Überzeugung verbindet man mit Kubas Staatspräsident Fidel Castro?

162__ Wie lautete der Name des Papstes, der auf der Felsburg Canossa im Jahr 1077 den Kirchenbann über Kaiser Heinrich IV. löste?

163__ Was bedeuten die Buchstaben D.C. hinter dem Namen der amerikanischen Stadt Washington?

164__ Welche Insel tauschte Deutschland im Jahre 1890 mit Großbritannien gegen Helgoland?

165__ In welchem Jahr wurde die Sozialdemokratische Partei Deutschlands gegründet?

166__ Welche Länder zählt man zu den Beneluxländern und was verbindet sie?

167__ Was verbindet man mit dem Begriff „Iden des März“?

168__ Die Nationalflagge welchen Landes wird Union Jack genannt?

169__ Warum ist die Flagge des Roten Kreuzes rot auf weiß, also die Umkehrung der Schweizer Flagge?

170__ Wo hat die UNO ihren Sitz?

171__ Wie heißt der moslemische Fastenmonat?

161__ Den Kommunismus.

162__ Gregor VII.

163__ District of Columbia.

164__ Die „Gewürzinsel“ Sansibar.

165__ 1890.

166__ Belgien, die Niederlande und Luxemburg.
Diese drei Länder bilden seit 1948 eine Zollunion.

167__ Den Mord an Cäsar im Jahre 44 v. Chr.
Unter den „Iden“ verstand man den 15. Tag des Monats März.

168__ Die Flagge von Großbritannien.

169__ Weil die internationale Hilfsorganisation in der Schweiz gegründet wurde.

170__ Diese Organisation, die sich die Sicherung des Weltfriedens zur Aufgabe gemacht hat, befindet sich in New York.

171__ Ramadan.

172__ Wann wurde Elizabeth II. von England gekrönt?

173__ Wo empfing Moses die Steintafeln mit den zehn Geboten?

174__ Welcher berühmte deutsche Dichter arbeitete viele Jahre als Beamter in Weimar?

175__ Warum feiert Amerika am 4. Juli den Unabhängigkeitstag?

176__ Wann endete der Vietnam-Krieg?

177__ Wie gelang es wohl den Ägyptern, die riesigen Steinblöcke zur „Pyramiden-Baustelle“ zu befördern?

178__ Warum zogen im Jahr 1849 viele Siedler nach Kalifornien?

179__ Zu welchem Anlass wurde der Eiffelturm in Paris gebaut?

180__ Welche Bedeutung haben die olympischen Ringe?

181__ Welchen Ehrennamen erhielten ab 27 v. Chr. alle Kaiser des alten Rom?

182__ Wem verdanken wir die Sammlung der berühmten „Kinder- und Hausmärchen“?

183__ Wie heißt die Stadt Augusta Vindelicorum heute?

184__ Wer trug die Verantwortung für den Untergang des Aztekenreiches?

172__ Im Jahr 1953, mit 27 Jahren.

173__ Auf dem Berg Sinai.

174__ Johann Wolfgang von Goethe.

175__ Weil an diesem Tag die Unabhängigkeitserklärung vom Kongress angenommen wurde.

176__ 1973 mit dem Waffenstillstandsabkommen.

177__ Sie benutzten von Menschen gezogene Holzschlitten.

178__ Weil dort Gold gefunden worden war.

179__ Zur Weltausstellung.

180__ Sie sollen die fünf Erdteile versinnbildlichen.

181__ Augustus. Cäsars Nachfolger Octavian wurde zuerst so genannt.

182__ Den Brüdern Jacob und Wilhelm Grimm.

183__ Augsburg.

184__ Hernando Cortez, der im Jahre 1519 Mexiko eroberte.

Die Natur

VOM EMU BIS ZUM SIRIUS

1____ Welche Unterschiede bestehen zwischen einer Motte und einem Schmetterling?

2____ Zu welcher Familie gehören Löwen, Tiger und Geparden?

3____ Was versteht der Sterngucker unter Ekliptik?

4____ Welches Haustier ist der nächste Verwandte des Wolfs?

5____ Worin unterscheiden sich Kröte und Frosch?

6____ Wir leben am Rande der Milchstraße. Wie heißt die nächste Galaxie?

7____ Wo gibt es Pinguine?

1____ Motten fliegen nachts. Ihre Fühler sind fedrig oder haarähnlich und ihre Körper kräftiger als die von Schmetterlingen.

2____ Zur Familie der Großkatzen.

3____ Die exakte scheinbare Sonnen- und Planetenbahn.

4____ Der Hund.

5____ Kröten sind eher Landtiere. Ihr Körper ist breiter, die Haut rauer und trockener als bei einem Frosch.

6____ Der Andromeda-Nebel im gleichnamigen Sternbild.

7____ In der Antarktis.

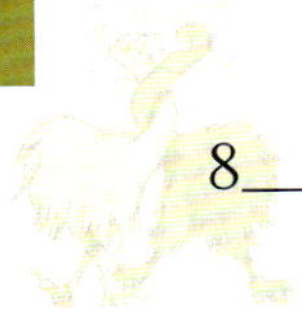

8___ Welches beliebte Gemüse brachte
Sir Walter Raleigh von Amerika mit?

9___ In welchem Sternbild findet sich
der veränderliche Stern Beteigeuze?

10___ Welche Haifischart ist die größte?

11___ Worin unterscheiden sich Froschlaich
und Krötenlaich?

12___ Was sind die geheimnisvollen Quasare?

13___ Welcher Vogel kann es nicht lassen,
seine Eier in fremde Nester zu legen?

14___ Was ist ein Dingo?

15___ Ist die Milchstraße eine Spiralgalaxie?

16___ Wie heißt der australische Vogel,
der große Ähnlichkeit mit dem Strauß hat?

17___ Welches Haustier verehrten
die alten Ägypter als Gottheit?

18___ Was ist der Hauptbestandteil
der Venusatmosphäre?

19___ Wozu klappert die Klapperschlange?

20___ Singen Vögel aus purem Vergnügen?

8____ Die Kartoffel.

9____ Im Wintersternbild Orion.

10____ Der weiße Hai.

11____ Froschlaich wird als gallertartige Masse abgelegt, Krötenlaich in Streifen.

12____ Unvorstellbar weit entfernte, lichtstarke Objekte.

13____ Der Kuckuck.

14____ Ein australischer Wildhund.

15____ Ja.

16____ Emu.

17____ Die Katze.

18____ Sie besteht zu 95 % aus Kohlendioxid (ein ungeheurer Treibhauseffekt!).

19____ Um andere Tiere zu warnen.

20____ Nein. Der Gesang dient der Warnung an andere Vögel, sich ihrem jeweiligen Gebiet fernzuhalten, oder um Partner anzulocken.

21___ Der Astronom kennt lichtschwache Sterne mit hoher Oberflächentemperatur. Wie heißen sie?

22___ Ist der Gepard das schnellste Tier der Welt?

23___ Ist der Schwamm, den Taucher aus dem Meer holen, eine Pflanze oder ein Tier?

24___ Was ist das Gegenteil von einem Weißen Zwerg?

25___ Ist eine Eidechse ein Kalt- oder ein Warmblüter?

26___ Ist es wahr, dass manche Vögel eine Art Werkzeug benutzen können?

27___ Wer die Perseiden sieht, darf sich etwas wünschen. Weshalb?

28___ Welcher Familie gehören Spinnen und Skorpione an?

29___ Hat ein Fisch normalerweise Lungen?

30___ Welche Sterne bilden das Wintersechseck?

21___ Weiße Zwerge.

22___ Ja, aber nur über kurze Strecken. Das Pferd hält den Langstreckenrekord. Über extrem lange Entfernungen kann sich überraschenderweise der Mensch am schnellsten fortbewegen.

23___ Ein Tier.

24___ Ein Roter Riese. Das ist ein großer, hell leuchtender Stern mit vergleichsweise niedriger Oberflächentemperatur. Rote Riesen sind alternde Sterne.

25___ Ein Warmblüter.

26___ Ja. Manche Vogelarten bedienen sich beispielsweise eines Dorns, um Kleintiere aus Erd- oder Baumritzen zu befördern.

27___ Es sind Sternschnuppen, ein periodisch wiederkehrender Meteoritenschauer im Sommer, der aus dem Sternbild Perseus zu strömen scheint.

28___ Der Familie der Arachniden, der Spinnentiere.

29___ Nein. Fische nehmen den Sauerstoff aus dem Wasser über die Kiemen auf.

30___ Capella (Fuhrmann), Aldebaran (Stier), Rigel (Orion), Sirius (Großer Hund), Procyon (Kleiner Hund) und Castor (Zwillinge).

31___ Wer jagt bei den Löwen im Rudel,
das männliche oder das weibliche Tier?

32___ Welche beiden Tierarten waren für die Ausbreitung der Pest verantwortlich?

33___ Wie heißt der berühmte Gasnebel
im Sternbild Stier?

34___ Ist die Tomate ein Gemüse oder eine Frucht?

35___ Was machen die Schwalben in den nördlichen Breitengraden im Herbst?

36___ Was tun die Sterne Deneb, Altair und Wega
am nächtlichen Sommerhimmel?

37___ Ist es wahr, dass es am Meer stürmen wird,
wenn im Landesinnern Möwen gesichtet werden?

38___ Ist die Eule wirklich so weise, wie es immer heißt?

39___ Welche Sterne sind im Oktober
besonders markant?

40___ Aus welcher Pflanze wird Opium gewonnen?

41___ In welchen zwei Ländern der Welt
findet man Alligatoren?

42___ Welches Tier verteidigt sich, indem es seine Feinde mit einer unvergesslich schrecklich stinkenden Flüssigkeit besprüht?

31___ Nur die weiblichen Tiere jagen.

32___ Es waren Ratten, bzw. die Flöhe,
die auf diesen „wohnten".

33___ Sein Name ist Crab-Nebel. Er ist der Rest
der Supernova des Jahres 1054.

34___ Eine Frucht und eine Gemüsepflanze.

35___ Sie fliegen in den Süden,
um dort zu überwintern.

36___ Sie bilden das Sommerdreieck.

37___ Nein. Möwen haben sich zu geübten Allesfressern entwickelt, und viele Arten leben ständig im Landesinnern.

38___ Nein. Sie hat nur ein sehr kleines Gehirn.

39___ Das Sternquadrat des Pegasus,
das auch Herbstviereck genannt wird.

40___ Aus Mohn.

41___ In den U.S.A. und in China.

42___ Das Stinktier,
auch Skunk genannt.

43___ Welcher Aasfresser ist bekannt für sein „Gelächter“?

44___Zwei unregelmäßige Gebilde sind die nächsten Objekte außerhalb unserer Milchstraße. Wie heißen die beiden Gaswolken?

45___ Was ist ein Schwarzes Loch?

46___Sind Pandabären Pflanzenfresser?

47___Wie nannten die alten Ägypten den Käfer, der heute unter dem Namen Pillendreher bekannt ist?

48___Was vermutet man unter dem Begriff „Dunkle Materie“?

49___Hat ein Frosch Ohren?

50___Nach welcher Pflanze sind Mädchen benannt, die Erika heißen?

51___ Kann man das Raumfahrzeug Spaceshuttle wiederverwerten?

52___Wie heißt das Tier, das seine Farbe wechseln kann?

53___ Auf welchem Kontinent findet man Koalabären?

54___Welche beiden Tiere muss man kreuzen, um ein Maultier zu erhalten?

43___ Die Hyäne.

44___Die Magellanschen Wolken.

45___ Eine extrem kleine Region eines verdichteten Supersternhaufens mit einem so starken Gravitationsfeld, dass kein Licht mehr entweichen kann.

46___Hauptsächlich ja. Sie fressen aber auch Fleisch, wenn sie es bekommen können.

47___Skarabäus.

48___90 % der Masse des Universums sind nicht sichtbar. Weder wird elektrische Strahlung (Licht- oder Radiostrahlung etc.) ausgesandt, noch reflektiert.

49___Ja.

50___Nach dem Heidekraut.

51___ Ja.

52___ Chamäleon.

53___ In Australien.

54___Ein Pferd und einen Esel.

55___ Wie heißt der Satellit des Planeten Pluto?

56___ Warum sind die Stoßzähne des Elefanten so viel wert?

57___ Wo liegt das Meer der Ruhe?

58___ Die Lärche tut etwas, was anderen Nadelbäumen niemals einfallen würde. Was ist es?

59___ Welche Haltung nimmt ein Igel ein, um sich bei Gefahr zu schützen?

60___ Der NASA-Astronaut Enos war in einer Hinsicht besonders ungewöhnlich. Warum?

61___ Welcher Unterschied fällt sofort ins Auge, wenn man einen männlichen und einen weiblichen Löwen vergleicht?

62___ Welches Landtier wird mehr als zwei Meter hoch?

63___ Um welchen Planeten rotieren die Monde Deimos und Phobos?

64___ Wieviele Höcker hat ein Lama?

65___ Was sammeln Bienen ein, um später daraus Honig zu machen?

66___ In welcher Reihenfolge stehen die Planeten unseres Sonnensystems?

67___ Wie nennt man ein junges Pferd?

55___ Charon.

56___ Weil sie aus Elfenbein sind.

57___ Auf dem Mond.

58___ Sie verliert im Winter ihre Nadeln.

59___ Er rollt sich zu einem Ball zusammen.

60___ Er war ein Schimpanse.

61___ Das Löwenweibchen hat keine Mähne.

62___ Die Giraffe.

63___ Um den Mars.

64___ Keinen.

65___ Blütennektar.

66___ Merkur, Venus, Erde, Mars,
Jupiter, Saturn, Uranus, Neptun, Pluto.

67___ Fohlen.

68___Welcher Körperteil einer Kaulquappe verschwindet, wenn aus ihr ein Frosch wird?

69___Was zeigt an, dass ein Stern stirbt?

70___Wie nennt man die Frucht einer Buche?

71___ Welcher Familie gehört das Eichhörnchen an?

72___Wie nennt man einen alternden Stern, der bereits die Hälfte seines Wasserstoffs in Helium umgewandelt hat?

73___ Wie viele Beine hat eine Spinne?

74___Mit welchem Organ atmen Fische?

75___ Wie heißen die von selbst leuchtenden Himmelskörper?

76___Welches ist das größte Säugetier?

77___Welchen Namen hat die Larve eines Schmetterlings?

78___Wie viele Galaxien gibt es schätzungsweise im Weltraum?

79___Mit welchem Organ hören Schlangen?

80___Der riesige Stern Beteigeuze, der 800-mal gößer als die Sonne ist, bildet die Schulter eines berühmten Himmelsjägers. Wie heißt das Sternbild?

68___Der Schwanz.

69___Eine Supernova. Der Stern leuchtet für kurze Zeit um das Zehnmillionenfache heller, es scheint ihn dabei als Ganzes zu zerreißen.

70___Die Buchecker.

71___ Es gehört zur Familie der Nagetiere.

72___Roter Riese.

73___ Acht.

74___Mit den Kiemen.

75___ Fixsterne.

76___Der Blauwal.

77___ Raupe.

78___Man nimmt eine Zahl zwischen 100.000 und einer Million Millionen an.

79___Mit keinem. Sie sind taub.

80___Orion.

81___ Wie alt ist eigentlich der Blaue Planet,
auf dem wir leben?

82___ Was trägt das Känguru in seinem Beutel?

83___ Ist das Meerschweinchen
mit dem Schwein verwandt?

84___ Wie viele Sterne rotieren um das Zentrum
der Milchstraße?

85___ Was unterscheidet die Fledermaus grundlegend
von anderen Säugetieren?

86___ Wie nennt man eine männliche,
nicht arbeitende Biene?

87___ Warum ist der Mond
kein Planet?

88___ Was bildet die hauptsächliche Nahrung von Geiern?

89___ Warum bohrt der Specht Löcher in
die Baumstämme?

90___ Was ist ein natürlicher Satellit?

91___ Welche Flüssigkeit stößt
ein verärgerter Tintenfisch aus?

92___ Wie nennt man die Gruppen, die Wölfe bilden?

93___ Wo siedeln sich Biber bevorzugt an?

81___4,5 Milliarden Jahre.

82___Sein Neugeborenes.

83___Nein, es ist im Gegensatz
zum Schwein ein Nagetier.

84___Etwa 100 Milliarden Sterne.

85___Sie kann fliegen.

86___Drohne.

87___Er ist ein Satellit, ein Gestirn, das nicht
um einen Stern, sondern um einen Planeten kreist.

88___Aas, d. h. tote Tiere.

89___Um unter der Rinde Insekten
als Futter zu finden.

90___Ein Himmelskörper, der um einen Planeten kreist,
z. B. Charon, Io oder der Mond.

91___Seine Tinte.

92___Rudel.

93___In der Nähe von Flüssen oder Seen.

94___In welcher Art und Weise unterscheiden sich ein Leoparden- und ein Tigerfell?

95___Was macht ein Nilpferd den ganzen Tag?

96___Was würde passieren, wenn die Erdachse nicht im Winkel von 23,5 Grad geneigt wäre?

97___Was ist ein Piranha?

98___Wie heißt der größte Vogel der Welt?

99___Können wir Erdenbewohner den Mond von allen Seiten sehen?

100___Woher stammt die Hunderasse Labrador?

101___Unter welchem Namen ist der schwarze Leopard noch bekannt?

102___Der Mond hat manchmal einen Hof. Woraus besteht er?

103___Wo legen Libellen ihre Eier ab?

104___Welche Art von Pflanze ist eine Venusfliegenfalle?

105___Warum sehen wir die Sterne nur nachts?

106___Welche Bäume wachsen in der Tundra?

94___Das Fell des Leoparden hat schwarze Flecken, das des Tigers ist gestreift.

95___Es döst im warmen Wasser. Gefressen wird nur nachts.

96___Es gäbe keine Jahreszeiten, wir hätten immer nur eine.

97___Ein kleiner Süßwasserfisch mit messerscharfen Zähnen, der sogar Menschen töten kann.

98___Strauß.

99___Nein, denn beim Mond sind Rotations- und Umlaufzeit gleich.

100___Aus Neufundland.

101___ Panter.

102___Aus einem dünnen Wolkenschleier aus Eiskristallen.

103___ Im Wasser.

104___Eine Fleisch fressende Pflanze.

105___ Die Sterne strahlen natürlich auch am Tag, dann werden sie aber vom Licht der Sonne überstrahlt.

106___Überhaupt keine. Dort können nur Moose, Flechten und bodennahe Sträucher überleben.

107__ Wie viel Paar Füße hat ein Tausendfüßler im Durchschnitt?

108__ Wie heißt der hellste Stern am nördlichen Himmel?

109__ Wo sind Walrösser zu Hause?

110__ In welcher Stellung verbringt das Faultier am liebsten seine Tage?

111__ Welcher grünblaue Planet hat seinen Namen vom römischen Meeresgott?

112__ Wozu benützen Wildschweine ihre nach oben gebogenen Stoßzähne?

113__ Mit welchem Haustier ist das Guanako verwandt?

114__ Im Winter blinzelt der rote Aldebaran vom Himmel. In welchem Sternbild?

115__ Was für eine Art von Tier ist ein Fliegender Hund?

116__ Wo bewahrt das Erdhörnchen sein Futter auf?

117__ Aus welchen höchst unspektakulären Bestandteilen besteht ein Komet mit seinem Schweif?

118__ Wo kommen Tapire vor?

119__ Wieso wird die Erde auch Blauer Planet genannt?

107__35 Paar.

108__Sirius, ein Stern erster Größenklasse.

109__In der Arktis.

110__ Es hängt kopfüber von einem Ast.

111__ Neptun.

112__ Um andere Tiere einzuschüchtern.

113__ Mit dem Lama.

114__ Im Sternbild Taurus, Stier.

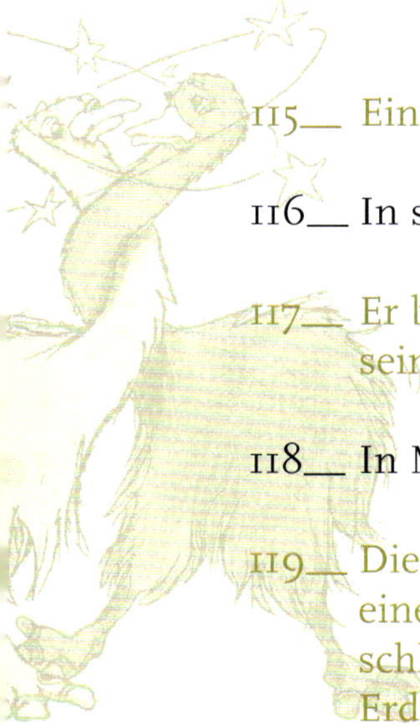

115__ Eine Fledermaus.

116__ In seinen geräumigen, dehnbaren Backentaschen.

117__ Er besteht aus schmutzigen Eisbrocken, sein Schweif aus Gas und Staub.

118__ In Mittel- und Südamerika sowie Südostasien.

119__ Die Erde erscheint vom Weltraum aus als eine bläuliche Kugel, umhüllt mit weißen Wolkenschleiern. Blau sind die Meere, die 3/4 der Erdoberfläche bedecken.

120__ Welches ist – nach dem Elefanten – das größte Landtier?

121__ Was versteht man unter einem Karibu?

122__ Welche Vegetation gibt es in der Taiga?

123__ Unter welchem Namen kennen wir den Stern Sol besser?

124__ Zu welcher Pflanzenfamilie gehört der Krokus?

125__ Welches ist der größte aller Raubvögel?

126__ Wo leben Giraffen in der freien Wildbahn?

127__ Wie bringt ein Gepard seine Beute zu Fall?

128__ Worauf wachsen Kiwis?

129__ Welche auffällige Form hat das Sternbild Kassiopeia?

130__ Wie tötet eine Pythonschlange ihre Beute?

131__ Was ist ein Zirkumpolarstern?

132__ Was ist der Zodiak?

120__ Das weiße Rhinozeros.

121__ Ein wildes Rentier.

122__ Koniferenwälder.

123__ Die Sonne.

124__ Zur Familie der Iris.

125__ Der Kondor.

126__ In der offenen Savanne, südlich der Sahara.

127__ Indem er ihr ein Bein stellt.

128__ Auf einer Art Rebe.

129__ Diese Sternenkonstellation bildet ein „W“.

130__ Indem sie ihr Opfer langsam erdrückt.

131__ Eine Gruppe von Sternbildern, die um den Himmelsnordpol stehen, darunter der Große Wagen. Diese Sternbilder gehen niemals unter. Am Äquator gibt es allerdings keine Zirkumpolarsternbilder mehr.

132__ Der Tierkreis, durch den die Sonne während eines Jahres zu wandern scheint. Der astronomische Tierkreis hat 13 Sternbilder (Schlangenträger).

133__ Was versteht man unter einem Wildebeest?

134__ Welcher Gattung gehören Salamander an?

135__ Ist der Weltraum eben, eine Kugel
oder eine Sattelfläche?

136__ Wie heißt das Insekt, das die Tropenkrankheit
Malaria überträgt?

137__ Bei welcher Affenart haben die Männchen
ein lebhaft gefärbtes Gesicht und ebensolche
Hinterbacken?

138__ Hat es einen Urknall gegeben?

139__ Auf welchem Kontinent lebt der Emu?

140__ Was ist die Lieblingsspeise eines Koalabären?

141__ Wie heißen die Himmelszwillinge
im Sternbild Gemini?

142__ Durch welches Insekt wird
die gefährliche Schlafkrankheit übertragen?

143__ Haben Pumas auch ein geflecktes Fell
wie die Leoparden?

144__ Wie heißt der helle Stern in der unmittelbaren
Nähe des „Hundssterns“ Sirius?

145__ Wovon ernährt sich eine Zecke?

133__ Eine Antilope.

134__ Den Amphibien.

135__ Die Forscher sind sich darüber immer noch nicht einig.

136__ Anophelesmücke.

137__ Bei den Mandrills.

138__ Die Forschung vermutet es.

139__ In Australien.

140__ Die Blätter des Eukalyptusbaumes.

141__ Castor und Pollux.

142__ Tsetsefliege.

143__ Nur die Jungtiere. Mit zunehmendem Alter verschwinden die Flecken.

144__ Procyon,
griechisch „vor dem Hund“.

145__ Von Blut.

146__Welchen anderen beiden Tieren
ähnelt das Okapi?

147__Wie heißt der Sternhaufen am „Rücken"
des Sternbildes Stier?

148__Was ist ein Chinchilla?

149__Wie nennt man kleine, Insekten fressende
Säugetiere der Familie Erinaceidae, deren Rücken
mit starren, dichten Stacheln besetzt ist und
die sich bei Gefahr zusammenrollen?

150__Wo finden wir die Plejaden, das Siebengestirn?

151__Ist die gemeine Kartoffel
mit der Süßkartoffel verwandt?

152__Wird Reispapier aus Reis hergestellt?

153__Wo vermutet man das Zentrum der Milchstraße?

154__„Ohne Zweifel hätte Gott eine bessere Beere
erschaffen können, aber offensichtlich hat er es
nicht getan." Welche Frucht wurde von
Dr. Boteler mit diesen Worten gepriesen?

155__Welche Art von Pferd ist ein Hippocampus?

156__Wie alt ist das Universum?

157__Was ist an der Pflanze Sonnentau so ungewöhnlich?

146__ Zunächst einer kleinen Giraffe mit kurzem Hals. Seine Hinterbacken und Beine sind jedoch gestreift wie bei einem Zebra.

147__ Die Plejaden.

148__ Ein südamerikanisches Nagetier, das auch wegen seines Pelzes gezüchtet wird.

149__ Igel.

150__ Im Sternbild Stier.

151__ Nein.

152__ Nein, es wird aus der Reispapierpflanze gewonnen.

153__ Im Sternbild des Schützen.

154__ Die Erdbeere.

155__ Ein Seepferdchen.

156__ 14 – 16 Milliarden Jahre.

157__ Sie frisst Insekten.

158__ Wie heißt die einzige Giftschlange auf den Britischen Inseln?

159__ Wie misst man das Alter der Erde?

160__ Was wird größer, der Hase oder das Kaninchen?

161__ Welche tödliche Krankheit wurde im Jahr 1970 weltweit für ausgerottet erklärt?

162__ Wo werden Sterne geboren?

163__ Wird die Krankheit Elephantiasis durch Kontakt mit Elefanten übertragen?

164__ Welcher Elefant ist größer, der afrikanische oder der asiatische?

165__ Wie groß ist der Monddurchmesser?

166__ Welchem Tier wird im Kinderlied geraten, nach Pommerland zu fliegen?

167__ John Keats schrieb ein Gedicht mit dem Titel: „Endymion“. Welche Blume hat er damit besungen?

168__ Im Inneren der Sonne wandelt sich Wasserstoff in Helium. Wodurch?

169__ Welchen Oberbegriff verwendet man für Menschen, Schimpansen, Gorillas und Affen?

170__ Ist eine Seeanemone ein Tier oder eine Pflanze?

158__ Viper oder Otter.

159__ Anhand der Radioaktivität der Erdkruste.

160__ Das Kaninchen.

161__ Die Pocken.

162__ In den Spiralarmen der Galaxien aus Gas und kosmischem Staub.

163__ Nein, sie wird durch Fadenwürmer übertragen.

164__ Der afrikanische Elefant.

165__ Der Monddurchmesser beträgt 3.467 km.

166__ Dem Maikäfer.

167__ Die Glockenblume.

168__ Durch eine Kernfusion.

169__ Primaten.

170__ Sie ist ein Tier, das wie eine Blume aussieht.

171__ Wie viel wiegt ein Mensch von 60 kg auf dem Mond?

172__ Welche Hunderasse ist für ihre blauschwarze Zunge bekannt?

173__ Wer hält den Rekord der Langsamkeit – die Riesenschildkröte, die Gartenschnecke oder das Dreizehen-Faultier?

174__ Die Erde dreht sich mit einer Geschwindigkeit von 1 000 km/h um sich selbst. Wieso merken wir das nicht?

175__ Wer lebt länger, das Nilpferd oder das Pferd?

176__ Warum werden Motten von einer hellen Lampe angelockt?

177__ Wie ist das Universum entstanden?

178__ Welches Tier ist länger trächtig, das Rhinozeros oder der Elefant?

179__ Welcher Pflanze gab der deutsche Botaniker Leonhard Fuchs seinen Namen?

180__ Welche beiden Planeten stehen zwischen der Sonne und der Erde?

181__ Warum schlafen Fische mit offenen Augen?

171__ Ein Sechstel seines Gewichts, also 10 kg.

172__ Der Chow Chow.

173__ Die Gartenschnecke.

174__ Weil wir keinen festen Punkt haben, anhand dessen wir die Bewegung wahrnehmen könnten.

175__ Das Nilpferd mit durchschnittlich 41 Jahren. Das Pferd lebt nur ca. 20 Jahre.

176__ Da sie sich am Licht der Sterne und des Mondes orientieren, halten sie die Lampe irrtümlich auch für einen Himmelskörper.

177__ Man nimmt an, dass es aus dem so genannten Urknall entstanden ist.

178__ Der afrikanische Elefant ist ca. 660 Tage lang trächtig. Das weiße Rhinozeros ca. 480 Tage lang.

179__ Der Fuchsie.

180__ Merkur und Venus.

181__ Weil sie keine Augenlider haben.

182__ Rinder können an einer Seuche erkranken, die mit den Buchstaben BSE abgekürzt wird. Wie heißt diese Krankheit im Volksmund?

183__ Was sind die dunklen Flecken auf dem Mond?

184__ Unter welchem Namen ist die Krankheit Hydrophobia besser bekannt?

185__ Welches unangenehme Verhalten legen Fledermäuse der Familie Desmodontidae an den Tag?

186__ Das Kreuz des Südens hat auch eine Entsprechung auf der Nordhalbkugel. Welche?

187__ Auf welches Tier waren die Indianer Nordamerikas als Lebensgrundlage angewiesen?

188__ War das Gehirn eines Stegosaurus apfel- oder walnussgroß?

189__ Woraus entsteht der große, rote Wanderfleck (GRF) auf dem Jupiter?

190__ Aus welcher Pflanze wurde das Gift gewonnen, an dem Sokrates starb?

191__ Der Frosch gilt als hervorragender Wetterprophet. Stimmt das?

192__ Sinkt das Sternbild Großer Wagen jemals unter den Horizont?

182__ Rinderwahnsinn.

183__ Es sind die riesigen Ebenen, z. B. das Mare Tranquillitatis, das Meer der Ruhe.

184__ Tollwut.

185__ Sie sind Vampire, also Blutsauger.

186__ Das Sternbild Schwan, das auch „Kreuz des Nordens“ genannt wird.

187__ Auf den Bison, eine Büffelart.

188__ Es war nur so groß wie eine Walnuss.

189__ Aus einem Sand- und Staubsturm.

190__ Aus dem Schierlingskraut.

191__ Nein, seine Klettereien richten sich überhaupt nicht nach dem Wetter.

192__ Nein, das Sternbild ist zirkumpolar.

Religion und Philosophie

VON LAOTSE BIS QUMRAN

1____Welches religiös-politische Oberhaupt eines kleinen Bergvolkes lebt jetzt im indischen Exil, nachdem sein Land von China annektiert wurde?

2____Das „Tao“, den Weg zur inneren Harmonie, begründete ein chinesischer Weiser und Philosoph. Wie hieß er?

3____Wie nennt man die japanische Nationalreligion, in welcher der Kaiser als Abkömmling der Sonne verehrt wird?

4____Der höchste jüdische Feiertag wird im Herbst gefeiert. Wie lautet sein Name?

5____Welche prächtige und einflussreiche Stadt soll angeblich im Jahre 735 „aus dem Ei gekrochen“ sein?

1____ Der Dalai Lama aus Tibet.

2____ Laotse, der im 6. Jahrhundert
vor Christus lebte.

3____ Schintoismus.

4____ Der Jom Kippur, das Versöhnungsfest.

5____ Die Stadt Rom.

6____ Auf seiner Fahrt nach Rom musste der Apostel Paulus wegen des stürmischen Wetters Halt auf einer großen Mittelmeerinsel machen. Welcher?

7____ Die riesige Bronzestatue des Helios war eines der sieben Weltwunder der Antike. Wo stand sie?

8____ Ist ein Obelisk ein Edelstein?

9____ Die Ägypter verwendeten keine Buchstaben, sondern eine Bilderschrift. Wie wird diese genannt?

10____ Was ist eine Qumranrolle?

11____ Die antike Welt kannte noch kein Papier. Worauf verfasste sie ihre Literatur und Gebrauchstexte?

12____ Der römische Gott der Krieger und Soldaten gab auch dem roten Planeten seinen Namen. Wie heißt er?

13____ Als die Israeliten ins gelobte Land Kanaan zogen, fanden sie dort zwei mächtige Götter vor. Welche?

14____ Welches ist das älteste Epos der Welt?

15____ Was versteht man unter Polytheismus?

16____ Was ist eine Synagoge?

6____Auf der Insel Kreta, in Kali Limenes.

7____Auf der Insel Rhodos, daher wurde die Statue auch „Der Koloss von Rhodos“ genannt.

8____Nein, eine freistehende, rechteckige und nach oben sich verjüngende Säule, wie sie z. B. mitten auf dem Petersplatz in Rom steht.

9____Hieroglyphen, was „Heilige Zeichen“ bedeutet.

10____Die Schriftrolle einer Essenergemeinde am Toten Meer.

11____Auf Papyrus, einer Schilfart, die zu Rollen oder Blättern verarbeitet wurde.

12____Mars.

13____Die Kanaaniter verehrten Baal und El.

14____Das Gilgamesch – Epos der Babylonier.

15____Wenn eine Vielzahl von Göttern, wie z. B. in den Naturreligionen verehrt wird.

16____Das jüdische Gebetshaus.

17___ Die Ägypter glaubten, dass man auch im Jenseits den Körper noch brauche. Wie versuchten sie, diesen so intakt als möglich zu halten?

18___ In Persien gab es eine mythisch-intellektuelle Religion, der ein baktrischer Priester um ca. 530 v. Chr. den Namen gab. Wie hieß er?

19___ Als welches Tier wurde der ägyptische Totengott Anubis abgebildet?

20___ 586 v. Chr. eroberte ein babylonischer König mit klangvollem Namen Jerusalem. Wer war's?

21___ Wann ungefähr ist der erste christliche Text entstanden?

22___ Das Reich des weisen Königs Salomo zerfiel in zwei Teile. Welche?

23___ Was bedeutet eigentlich der Name der christlichen Quäker?

24___ Auf bildlichen Darstellungen haben Jesus und die Apostel eine Gloriole. Was ist das?

25___ Welche Lehre kennen Hinduisten und Buddhisten gleichermaßen?

26___ In welchem Schöpfungsepos kommt ebenfalls eine Sintflut vor, welche vielleicht die Schreiber der Bibel inspirierte?

17___ Der Körper sollte durch die Mumifizierung bewahrt werden.

18___ Zoroaster oder Zarathustra.

19___ Als Hund oder Schakal.

20___ Der König Nebukadnezar.

21___ Um 50 n. Chr., es handelt sich dabei wohl um die Tessalonicher.

22___ Israel und Juda.

23___ Das englische „Quaker“ bedeutet Zitterer. Dieser Spottname kam daher, weil manche von ihnen während des Gottesdienstes vor Verzückung zitterten.

24___ Ein Heiligenschein.

25___ Die Wiedergeburtslehre.

26___ Im Gilgamesch-Epos der Babylonier.

27___ Wie viele Päpste hießen
bisher Johannes?

28___ Was bedeutet Yoga?

29___ Wer saß auf einem
Dreifuß und orakelte?

30___ Wofür ist der polnische Wallfahrtsort
Tschenstochau bekannt?

31___ In Morpheus' Armen zu liegen kennt
jeder von uns. Was ist damit gemeint?

32___ Esoterik ist in aller Munde. Dabei bedeutet
das Wort ursprünglich das genaue Gegenteil. Was?

33___ Wo gibt es das ewige Licht
schon auf Erden?

34___ Wer ist das Oberhaupt der anglikanischen Kirche?

35___ Wer kennt ein anderes Wort
für die Frohe Botschaft?

36___ Was wurde aus Saulus, dem erklärten Feind
der frühen Christen?

37___ Einer der bedeutendsten griechischen Denker und
Naturwissenschaftler gab Alexander dem Großen
Privatunterricht. Wer war's?

27___ Es waren 23. Der letzte war eben Johannes XXIII., der das reformfreundliche 2. Vatikanische Konzil einleitete.

28___ Selbstdisziplin und Selbstbezähmung.
In der westlichen Welt versteht man darunter eine körperlich-geistige Entspannungstechnik.

29___ Die Pythia, die berühmteste Apollopriesterin in Delphi.

30___ Für die Schwarze Madonna, das polnische Nationalheiligtum.

31___ Man träumt. Morpheus ist der Gott des Traums.

32___ Eine Lehre, die nur Eingeweihten zugänglich ist.

33___ Vorne am Altar brennt in einer Glasampel das „Ewige Licht“.

34___ Die Königin oder der König von England.

35___ Das Evangelium.

36___ Der Apostel Paulus.

37___ Aristoteles.

38___Was taten die germanischen Götter
unter der Weltesche Yggdrasil?

39___Was ist eine Kollekte?

40___Wer war der Gründer des Islam?

41___Welchen strengen Orden gründete
Ignatius von Loyola?

42___Es gibt neben anderen zwei sehr
große Weltreligionen. Wie heißen sie?

43___Advent bedeutet Ankunft. Wie lange brennen
die Kerzen auf dem Adventskranz?

44___Ein Papst verfasst eine Enzyklika.
Was ist das?

45___Wie heißt der Herr der Unterwelt
in der griechischen und römischen Mythenwelt?

46___Niflheim klingt schon ungemütlich und düster.
Welcher Ort war das?

47___Wer fährt die Toten über die Styx,
den griechischen Unterweltsfluss?

48___Sind Kopten auch Christen?

49___Die Ritter an König Artus' Hof sprechen von
der heiligen Schale, mit der das Blut Christi
aufgefangen wurde. Wie heißt dieses Gefäß?

38___ Dort sprachen sie Recht.

39___ Eine Geldsammlung der Kirche.

40___ Der Prophet Mohammed (570–632) schrieb
den Koran nach göttlicher Eingebung.

41___ Den Jesuitenorden, der sich dem Papst
zu absolutem Gehorsam verpflichtet.

42___ Das Christentum (weltweit ca. 1.120 Millionen)
und der Islam (weltweit ca. 600 Millionen).

43___ Vier Wochen, bis zu Weihnachten,
dem Fest von Christi Geburt.

44___ Ein Rundschreiben an die Bischöfe,
worin der Papst Stellung zu Glaubensfragen bezieht.

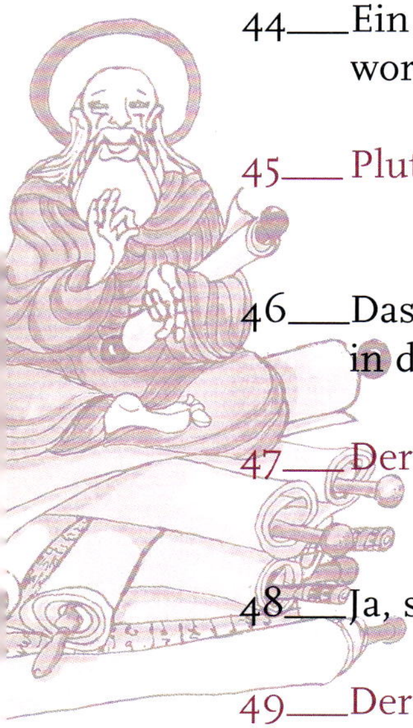

45___ Pluto/Hades und Dis.

46___ Das nebelhafte Totenreich
in der germanischen Mythologie.

47___ Der alte Bootsmann Charon.

48___ Ja, sie gehören den orthodoxen Christen an.

49___ Der heilige Gral.

50___ Welche Rechtsordnung wollen moslemische Fundamentalisten allein gelten lassen?

51___ Auf dem Kopf trägt der Papst eine Tiara. Was ist das?

52___ Die katholische Kirche prägt Glaubenssätze, an denen nicht gezweifelt werden darf. Wie werden diese noch bezeichnet?

53___ Welchen großen Naturwissenschaftler rehabilitierte die Kirche erst in diesem Jahrhundert?

54___ Wer kam aus reichem Hause und gründete schließlich den Franziskanerorden?

55___ Welche berühmte Ordensfrau, die ihr Leben den Sterbenden und Armen Indiens geweiht hatte, starb 1997?

56___ Zur Zeit Moses' regierte ein Pharao in Ägypten. Wie hieß er?

57___ Das Volk Israel bestand aus mehreren Stämmen. Wie viele kennt die Bibel?

58___ Zur Zeit Christi war ein Römer Statthalter in Judäa, der sich später die „Hände in Unschuld wusch“. Wer war's?

59___ Wie hieß der berühmte jüdische Historiker, der zur Zeit Christi lebte und schrieb?

50___Die Scharia, die religiöse Rechtsordnung. Darin sind z. B. Staatsbürgerrechte nicht vorgesehen.

51___ Die Papstkrone.

52___ Es handelt sich um Dogmen.
Ein einzelner Glaubenssatz heißt Dogma.

53___ Galileo Galilei, der als Erster erkannte, dass die Sonne, nicht die Erde das Zentrum unseres Systems ist.

54___ Franz von Assisi.

55___ Mutter Theresa.

56___ Der Herrscher hieß Ramses.

57___ Zwölf Stämme.

58___ Pontius Pilatus.

59___ Flavius Josephus.

60___Unter welchem römischen Kaiser wurden die Apostel Petrus und Paulus hingerichtet?

61___Welche Kirche wurde auf den Gebeinen des Apostels Petrus erbaut?

62___Wie heißt der kleinste Staat der Welt?

63___Welchen Namen für Gott finden wir im Alten Testament?

64___Auch die Bibel kennt Wanderhirten im Wüstensand. Wie werden diese genannt?

65___Als Jesus geboren wurde, regierte ein berühmter römischer Kaiser. Welcher?

66___1947 fanden Archäologen berühmte Schriftrollen mit biblischen Texten, die nach ihrem Fundort benannt wurden. Wo war er?

67___Wer war der Anführer eines jüdischen Aufstandes gegen die Römer?

68___Was war für einen alten Griechen ein Barbar?

69___Was galt für die antiken Mysterienkulte, z. B. den Mithras-Kult?

70___Wer waren die Philister?

71___ Ist ein Menetekel ein Gefäß?

60___Unter Kaiser Nero.

61___Der Petersdom in Rom.

62___Der Vatikanstaat in Rom.

63___Den Namen Jahwe (JHWH).

64___Nomaden.

65___Augustus, der Adoptivsohn von Gaius Julius Cäsar.

66___In Qumran, wo eine Essenergemeinde lebte.

67___Bar Kochbar.

68___Zunächst einmal jeder, der nicht griechisch sprach.

69___Die Kultfeiern wurden geheim abgehalten und über den Kult selbst strengstes Stillschweigen bewahrt.

70___Ein kriegerisches Seevolk zur Zeit König Davids.

71___Nein, das Wort im Buch Daniel (5,25) bedeutet eine Orakelschrift, die besagt: „Gezählt, gewogen und für zu leicht befunden.“ (Mene mene tekel u-parsin)

72___Welche Hochkultur war bereits 3000 v. Chr. im Vorderen Orient führend?

73___Wie lautet der Name des wilden Nomadenvolks, das große Reiter und Bogenschützen, aber auch berühmte Goldschmiede hervorbrachte?

74___Wo lag die berühmteste Orakelstätte des Gottes Apollon?

75___Die Büste welcher berühmten und schönen Ägypterin befindet sich heute im Museum?

76___Ägypten kannte auch eine Pharaonin, die allerdings eine kultische Bartattrappe tragen musste. Wie hieß sie?

77___Die Streitwagen der Assyrer waren besonders schnell. Mit wie vielen Rädern fuhren sie?

78___Was ist ein Pantheon?

79___Wer war der griechische Philosoph, der „Dunkle" genannt, der uns seine Einsicht „Pantha rhei" (Alles fließt) hinterlassen hat?

80___Welches Weltbild dominierte bis ins Mittelalter?

81___Was isst jemand, der Mazzen zu sich nimmt?

82___Wie lange wirkte Jesus von Nazareth?

72___Die Ägypter.

73___Die Skythen.
Sie lebten im heutigen Russland.

74___In Delphi.

75___Bei der Dame handelt es sich um Nofretete.

76___Hatschepsut.

77___Mit zwei Rädern.

78___Etwas, das alle Götter umfasst. So war auch das Pantheon in Rom, das Hadrian erbauen ließ, ein Tempel für alle römischen Götter zugleich.

79___Der Vorsokratiker Heraklit.

80___Das ptolemäische, das die Erde als Mittelpunkt des Universums sah.

81___Ungesäuertes Brot.

82___Ein bis drei Jahre.

83___Welchen wöchentlichen Feiertag begehen die Juden besonders feierlich?

84___Welches ist der griechische Name für die Seele?

85___Welches Tier war an der Vertreibung Adams und Evas aus dem Paradies maßgeblich beteiligt?

86___Was verstand das Alte Testament unter Seele (nefesch)?

87___Was ist die Menora?

88___In welchem Teil des Körpers sitzt nach dem Alten Testament der Verstand?

89___Wie heißt der riesige, steinzeitliche Steinkreis in Südengland, der vermutlich als Heiligtum und Sternwarte benutzt wurde?

90___Auf dem Kreuz Christi standen die Buchstaben INRI. Was bedeuten sie?

91___Der Gallier Miraculix mit seiner Sichel ist ein keltischer Priester. Wie hießen diese?

92___Zu manchen festlichen Anlässen kochte der Gott Hephaistos im Olymp. Was aber aßen die griechischen Götter meistens?

93___Wie hieß der griechische Meeresgott und was trug er in seiner Hand?

83___ Den Sabbat.

84___Psyche.

85___ Eine Schlange.

86___Atem, Leben, wörtlich: Kehle.

87___Der siebenarmige Leuchter, ein sehr wichtiges kultisches Symbol des Judentums.

88___Im Herzen.

89___Stonehenge.

90___Iesus Nazarenus Rex Iudaeorum:
Jesus von Nazareth, König der Juden.
Diese Inschrift war als grausamer Spott gedacht.

91___ Druiden.

92___Ambrosia und Nektar.

93___Poseidon. In der Hand trug er einen Dreizack, um die Wellen aufzuwühlen.

94___Wie heißt die oberste Kaste der Hindus?

95___Wie oft verleugnete Petrus seinen Herrn aus Angst?

96___Wie heißt die reine, intolerante und oft gewalttätige Buchstabengläubigkeit jeder Religion?

97___Welcher große deutsche Philosoph nimmt auf den persischen Zarathustra im Titel seines Werks Bezug?

98___Welcher große Vertreter der Stoa war zugleich römischer Kaiser?

99___Welcher römische Philosoph starb so gefasst wie der große Sokrates?

100___Wie heißen die vier großen Philosophenschulen der Antike?

101___Woher kam der Name Stoa?

102___Hat der Philosoph Sokrates selbst ein Werk hinterlassen?

103___Deutschland gilt als das Land der Dichter und Denker. Welche drei großen Philosophen haben dazu ihren Teil beigetragen?

104___Was bedeutet Ökumene?

94___Die Brahmanen.

95___Dreimal.

96___Fundamentalismus.

97___Friedrich Nietzsche.

98___Marc Aurel.

99___Der Stoiker Lucius Annaeus Seneca, der Erzieher des Nero.

100___Peripatos (Aristoteles), Akademie (Platon), Stoa (Zenon), Kepos (Epikur).

101___Von den bunt bemalten Säulen der Halle, in der einst Zenon mit seinen Schülern diskutierte.

102___Nein, sein Schüler Platon schrieb auf, was dieser gesagt hatte.

103___Hegel, Kant und Schopenhauer.

104___Wörtlich: Gemeinsames Haus. Dieses Wort bezeichnet den Versuch, die verschiedenen christlichen Gruppen (insbesondere Katholiken und Protestanten) zu verbinden.

105__ Welchem Philosophen haben wir die „Kritik der reinen Vernunft“ zu verdanken?

106__ Wer war der größte griechische Denker und Naturwissenschaftler der Antike?

107__ Welcher große Grieche machte sich Gedanken über den Staat?

108__ Welches schreckliche Ende fand Cicero?

109__ Welcher römische Politiker und Schriftsteller übersetzte die griechische Philosophie ins Lateinische?

110__ Welcher junge römische Kaiser wollte einen orientalischen Sonnenkult in Rom einführen?

111__ Welcher römische, philosophisch gebildete Kaiser ließ sich ein gigantisches Mausoleum in Rom bauen?

112__ „Auf diesem Fels will ich meine Kirche bauen“, sagte Jesus. Wer war der Fels?

113__ Unter einem Epikuräer versteht man heute jemanden, der es sich unbekümmert gut gehen lässt. Was ist jedoch die eigentliche Bedeutung dieses Wortes?

114__ In welchem Alter erreichte in biblischer Zeit ein israelitischer Junge seine religiöse und gesetzliche Mündigkeit?

105__ Immanuel Kant.

106__Aristoteles.

107__ Platon in seiner „Politeia“.

108__ Er wurde aus politischen Gründen ermordet, seine Zunge und Hände wurden an der Rostra, der Rednerbühne auf dem Forum als warnendes Exempel angenagelt.

109__Marcus Tullius Cicero.

110__ Elagabal aus Nordafrika, der sich Heliogabal nennen ließ.

111__ Hadrian. Das riesige Gebäude heißt heute Engelsburg.

112__ Der Apostel Petrus.

113__ Diese Philosophie wollte in erster Linie, dass der Mensch frei von Angst, ohne Götter- oder Todesfurcht lebe.

114__ Im Alter von 13 Jahren.

115__ Was wird in der Bibel als „Chaos“ bezeichnet?

116__ Welche drei Sprachen sprach man zur Zeit Jesu in Palästina?

117__ Wohin geht ein gläubiger Jude am Sabbat?

118__ Welchen Beruf hatte Joseph, der Vater von Jesus Christus?

119__ Ein Engel verkündete Maria, sie werde einen Sohn bekommen. Wie hieß das himmlische Wesen?

120__ Welche berühmte Frau hatte im Frühchristentum das Amt einer Diakonissin inne?

121__ Was bedeutet der Name Eva?

122__ Kennt die Bibel einen mit über 900 Jahren steinalten Mann?

123__ Wo stand der berühmte Artemistempel, eines der antiken sieben Weltwunder?

124__ Wer war der Bruder der griechischen Jagdgöttin Artemis, der römischen Diana?

125__ Wie viele Schriften umfasst das Neue Testament?

126__ Wo findet sich das Hohelied der Liebe, im Alten oder im Neuen Testament?

127__ Jeder kennt das Wort Philosophie. Was bedeutet es?

115__ Der Zustand unmittelbar nach der Schöpfung von Himmel und Erde.

116__ Griechisch, aramäisch und hebräisch.

117__ In die Synagoge, um zu beten.

118__ Er war Zimmermann.

119__ Es war der Erzengel Gabriel.

120__ Phöbe aus Kenchreä bei Korinth.

121__ Leben.

122__ Ja. Der uralte Mann heißt Methusalem.

123__ In Ephesus.

124__ Apollon.

125__ 27.

126__ 1 Kor. 13.

127__ Liebe zur Weisheit.

128__ Die Buddhisten sprechen vom Karma.
Was meinen sie damit?

129__ Welchen Zustand
meint das Nirwana?

130__ Bei der Kommunion legt der Bischof
die Hand auf. Was bedeutet dieses Fest?

131__ Wie heißt der Brauch, mit dem jüdische Jungen
in die Religionsgemeinschaft aufgenommen werden?

132__ Was ist die Thora?

133__ Welcher große Reformer der Kirche nagelte 1517
an der Kirche zu Wittenberg seine 95 Thesen
gegen die Ablasspraxis an?

134__ Welche Stadt der Welt ist gleichermaßen heilig
für die Juden, Christen und Moslems?

135__ Wie heißt die heiligste Pilgerstadt
der moslemischen Welt?

136__ In welcher Sprache wurde das
Neue Testament abgefasst?

137__ Wer war der berühmteste Denker
des Existentialismus?

138__ Welcher Philosoph des 20. Jh. schrieb
den „Tractatus-logico philosophicus"?

128__ Gute oder schlechte Taten eines Menschen werden in diesem oder einem nächsten Leben entsprechend belohnt oder geahndet.

129__ Eine tiefe Ruhe der Seele, das Auslöschen aller Begierden und die Trennung vom Körper.

130__ Der heilige Geist kommt über den Menschen.

131__ Bar-Mizwa. Dabei liest der Junge in der Synagoge einen Abschnitt aus der Thora.

132__ Das heilige Buch der Juden. Es besteht aus fünf Büchern, die Moses zugeschrieben werden.

133__ Martin Luther.

134__ Jerusalem.

135__ Mekka. Dort steht in der Großen Moschee die Kaaba, der schwarze Stein.

136__ In Griechisch.

137__ Jean-Paul Sartre in seinem Werk „Das Sein und das Nichts“.

138__ Ludwig Wittgenstein.

139__ Welcher berühmte Kirchenvater schrieb die „Confessiones“, seine Lebensbeichte?

140__ Ein französischer Philosoph bekam 1928 den Nobelpreis für Literatur. Wer war’s?

141__ Er war ein italienischer Philosoph und wurde 1593 von der Inquisition als Ketzer verbrannt. Wie war sein Name?

142__ „Ich denke, also bin ich.“ Dieser Satz war für die Philosophie revolutionär. Wer schrieb ihn?

143__ Wer schnitt Samsons Haar, während er schlief?

144__ Gegen welchen Widersacher kämpfte David?

145__ Wie viele Thesen schickte Dr. Martin Luther an den Bischof von Brandenburg und in welcher Sprache waren sie geschrieben?

146__ Auf welche religiöse Gruppe schob der Kaiser Nero den Brand Roms?

147__ Wo befindet sich aller Wahrscheinlichkeit nach das Grab des heiligen Petrus?

148__ Wieso musste Heinrich IV. zähneknirschend nach Canossa pilgern?

149__ Als Galilei im Januar 1610 als erster durch ein Fernrohr den Himmel betrachtete, geschah etwas, das das kirchliche Weltbild zutiefst erschütterte. Worum handelte es sich?

139__ Augustinus.

140__ Henri Bergson.

141__ Giordano Bruno.

142__ Der Franzose René Descartes.

143__ Delilah.

144__ Gegen Goliath.

145__ Es handelte sich um 95 Thesen, die in lateinischer Sprache abgefasst waren.

146__ Nero bezichtigte die Christen der Brandstiftung.

147__ Unter dem heutigen Hochaltar von St. Peter in Rom.

148__ Der Kirchenbann, der über ihn verhängt worden war, sollte von Papst Gregor wieder gelöst werden.

149__ Er sah, dass die Venus Phasen wie der Mond hat. Dies bewies die Richtigkeit des kopernikanischen Weltbilds, wonach sich die Erde um die Sonne dreht.

150__ Vier Apostel unterhalten sich, Andreas, Antonius, Johannes und Eudoxius. Was kann daran nicht stimmen?

151__ Welches kostbare Kleidungsstück raubte der griechische Halbgott Herakles der Amazonenkönigin Hippolyte?

152__ Nicht nur jedes Kind kennt die Penatencreme. Was bedeutet der Name „Penaten“?

153__ Welches grausige Ereignis fand am 24. August 1572 statt?

154__ Was vollbrachte Herakles bereits im zarten Alter von acht Monaten?

155__ Weshalb krönte sich der berüchtigte Heiinrich VIII. im Jahre 1534 zum obersten und einzigen Haupt der englischen Kirche?

156__ Mit welchem Land waren die Reformatoren Calvin und Zwingli besonders verbunden?

157__ Auf welchem berühmten antiken Bauwerk ist die Eroberung Jerusalems durch die Römer dargestellt?

158__ Wie hieß der Wahlspruch der Aufklärung?

150__ Weder Antonius noch Eudoxius waren Apostel.

151__ Einen Gürtel.

152__ Die Penaten waren die römischen Götter der Vorratskammer, später wurden sie die Beschützer des ganzen Volkes.

153__ Die „Bartholomäusnacht“, in der die Kämpfe zwischen Katholiken und hugenottischen Adeligen ihren blutigen Höhepunkt fanden.

154__ Er erwürgte zwei Schlangen, mit jeder Hand eine.

155__ Er wollte sich von seiner Frau Katharina von Aragon scheiden lassen und Anna Boleyn heiraten. Dies jedoch verweigerte ihm der Papst.

156__ Sie waren die bedeutendsten Vertreter der Schweizer Reformation.

157__ Auf dem Titusbogen auf dem Forum in Rom.

158__ Es war das lateinische „sapere aude“, was ursprünglich bedeutete, „wage zu schmecken“, dann aber mit „habe Mut, dich deines eigenen Verstandes zu bedienen“ wiedergegeben wurde.

159__ Welche Schreibunterlage und welche Sitzgelegenheit benutzte die antiken Seherinnen, die Sibyllen?

160__ Welches Bauwerk ist dem sagenhaften König Salomo zugeschrieben?

161__ Wie hießen die geistigen Väter der Studentenbewegung von 1968?

162__ Wie wird ein hoher Würdenträger der russisch-orthodoxen Kirche genannt?

163__ Welchem Propheten im Alten Testament sagte sein Esel, was er zu tun habe: Jeremias, Bileam oder Ezechiel?

164__ „Die Folter macht die Hexen." Welcher kluge Mann wusste das bereits, als sich die heilige Inquisition noch tief in der Hexenhysterie befand?

165__ Welcher einflussreiche politische Denker befasste sich eingehend mit der Kritik der politischen Ökonomie?

166__ Wer zu biblischer Zeit viele Talente besaß, war deshalb noch nicht unbedingt begabt. Was war damit gemeint?

167__ Wie hieß Semele, die griechische Mondgöttin, bei den Römern?

168__ Welcher Philosoph verwendete die Pseudonyme Johannes Climaticus, Vigilius Haufriensis oder Johannes de silentio?

159__ Sie saßen auf einem Dreifuß und schrieben ihre Orakel auf Blätter.

160__ Der erste Tempel in Jerusalem.

161__ Die Philosophen Max Horkheimer und Theodor W. Adorno.

162__ Es handelt sich um einen Patriarchen.

163__ Bileam. Diese Geschichte findet sich im Buch Numeri.

164__ Der Mönch Friedrich von Spee, der anonym 1631 sein Buch über die Hexenprozesse veröffentlichte und darin den Wahnsinn anprangerte.

165__ Karl Marx.

166__ Ein Talent war eine Gewichts- und Geldeinheit.

167__ Sie wurde Luna genannt.

168__ Sören Kierkegaard.

Wissenschaft und Technik

VOM DIESELMOTOR ZUM PARSEC

1 ____ Woraus sind Bohrdiamanten gemacht?

2 ____ Ein Erfinder, wie etwa Daniel Düsentrieb, braucht ein Patent. Was ist damit gemeint?

3 ____ Mit welchem Gerät misst man die Windstärke?

4 ____ Was kann man mit einem Oszillographen machen?

5 ____ Warum sind Halogenscheinwerfer so hell?

6 ____ Wann erst kann das Flugzeug vom Boden zum Urlaubsziel abheben?

7 ____ Der völlige Radstillstand beim Bremsen kann verhindert werden. Wie?

1____ Aus industriell hergestellten Diamanten.

2____ Das amtlich zugesicherte Recht über die alleinige Benutzung und Verwertung einer Erfindung.

3____ Mit einem Anemometer.

4____ Mit diesem Gerät können sich ständig ändernde Schwingungsverläufe aufgezeichnet werden.

5____ Weil die Glühfäden in der Birne bis zu 3.000 Grad heiß sind.

6____ Wenn die Summe aus Hubkraft und Auftrieb mindestens gleich dem Flugzeuggewicht ist.

7____ Durch das Anti-Blockier-System (ABS).

8____Welches Gerät registriert die Windgeschwindigkeit?

9____Wie nennt man einen Kolbenmotor, bei dem die Zylinder einander gegenüberliegen?

10____Braucht ein Dieselmotor Zündkerzen?

11____Die erste Rakete startete 1917. Womit wurde sie angetrieben?

12____Wie nennt man die Zahl der Schwingungen elektromagnetischer Wellen pro Sekunde?

13____In welcher Einheit wird die Frequenz einer Strahlung gemessen?

14____Jeder kennt den Bunsenbrenner aus dem Chemieunterricht. Wie heiß wird er?

15____Was versteht man unter Gleichstrom?

16____Wie nennt man die Stromart, deren Bewegung elektrischer Ladung mit periodisch wechselnder Richtung verläuft?

17____Wie funktioniert die Steuerung eines Hubschraubers?

18____Was passiert, wenn ein Astronaut sich an Bord ein Glas Saft einschenken will?

19____Aus welchen Farben bestehen die Primärfarben?

8___ Der Böenschreiber.

9___ Einen Boxermotor.

10___ Nein.

11___ Der Treibstoff war Alkohol.

12___ Frequenz.

13___ In Hertz.

14___ Bis zu 1.500 Grad.

15___ Eine Stromart, deren Bewegung elektrischer Ladung mit zeitlich unveränderter Reihenfolge verläuft.

16___ Wechselstrom.

17___ Indem der Anstellwinkel der Rotorblätter verändert wird.

18___ Beides schwebt in der Kapsel umher.

19___ Aus Rot, Gelb und Blau.

20___Warum bersten in sehr kalten Wintern
die Wasserrohre?

21___ Fliegt ein Heißluftballon an
einem warmen Tag besser?

22___Was produzieren Schwingungen in der Luft?

23___ Im Garten findet sich Humus. Wo?

24___Das Ozonschild hat eine lebenswichtige Funktion.
Welche?

25___ Was wird mit dem Begriff CD-Rom abgekürzt?

26___Gibt es Wasser auf dem roten
Planeten Mars?

27___BIOS heißt auf griechisch Leben.
Wofür steht das Wort als PC-Fachausdruck?

28___An welche Waffe denkt man, wenn
der Name Robert. J. Oppenheimer fällt?

29___Wo findet sich Gluten?

30___Die Aurora Borealis kann man in Lappland sehen.
Was ist das?

31___ Welches Schwermetall besteht hauptsächlich
aus Kohle und Eisen?

32___Was ist der Unterschied zwischen Leiter und Leiter?

20___Weil Wasser sich ausdehnt, wenn es gefriert.

21___ Nein. Heiße Luft steigt immer hoch, deshalb ist der Unterschied an einem kalten Tag größer.

22___Töne.

23___ Im Boden.

24___Es hält ultraviolette und andere gefährliche Strahlung davon ab, in die Atmosphäre einzudringen.

25___ Compact Disc Read Only Memory.

26___Heute nicht mehr, aber die geologische Beschaffenheit deutet auf ein großes Wasservorkommen hin. Allerdings ist nicht geklärt, wie es verschwunden ist.

27___ Basic Input Output System.

28___An die Atombombe.

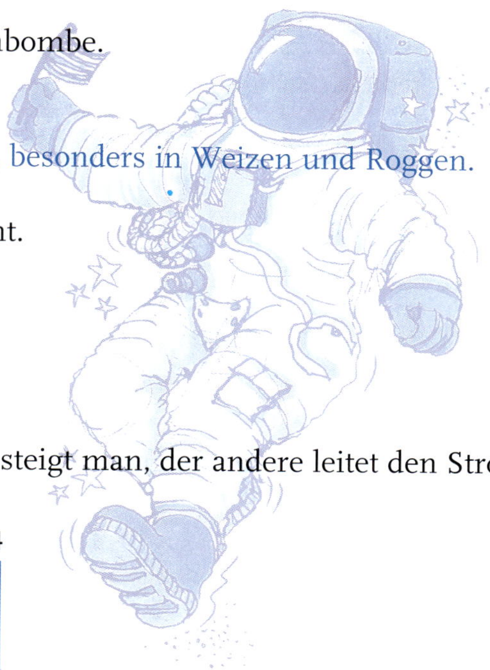

29___Im Getreide, besonders in Weizen und Roggen.

30___Das Nordlicht.

31___ Stahl.

32___Auf die eine steigt man, der andere leitet den Strom.

33___ Blechdosen oder Autos rosten. Wie heißt dieser Prozess?

34___ Wasser kann auch unter den Gefrierpunkt fallen, ohne zu gefrieren. Stimmt das?

35___ Manche Stellen auf der Sonne sind dunkler und kühler als andere. Wie heißen diese?

36___ Welcher der folgenden Namen gehört keinem Wissenschaftler: Kopernikus, Gogol, Pasteur?

37___ Marie Curie erfand ein sehr wichtiges Element. Welches?

38___ Der Planet Uranus hat 15 Monde. Was umrundet ihn noch?

39___ In welcher Formel findet sich die hochkomplizierte Relativitätstheorie von Albert Einstein?

40___ Oft wird vom Treibhauseffekt gesprochen. Was bedeutet dieser für die Erde?

41___ „Gleich und Gleich gesellt sich gern", gilt nicht für Magnetpole. Warum nicht?

42___ Ein Kollier aus gepresster Kohle? Ist das etwas Besonderes?

43___ Eifrigen Discogängern ist das Gerät bekannt, das die Frequenz einer periodischen Bewegung und deren Ablauf misst. Was ist damit gemeint?

33___ Oxidation.

34___ Ja.

35___ Man nennt sie Sonnenflecken.

36___ Gogol war ein Schriftsteller.

37___ Das Radium.

38___ Ringe. Saturn hat nur den größten, keineswegs den einzigen Ring.

39___ $E = mc^2$.

40___ Die Sonnenhitze dringt in die Atmosphäre ein und wird von Gasen wie Kohlendioxid oder Methan gespeichert. Dadurch erhöht sich die Temperatur.

41___ Sie stoßen sich ab.

42___ Ja. Diamanten bestehen aus komprimierter Kohle.

43___ Das Stroboskop.

44___Welche Spezies ist mit dem Wort Saurier gemeint?

45___Eine der größten Saurierarten war auch der Star in „Jurassic Park“. Welche?

46___Womit beschäftigen sich Botaniker?

47___Welcher Forschungszweig beschäftigt sich mit der Entwicklung des Lebens auf der Erde?

48___Fallen schwere Dinge schneller als leichte?

49___Früher hingen die Erdteile zusammen. Was ist verantwortlich für die Trennung?

50___Wo befindet sich der heißeste Teil der Kerzenflamme?

51___Welche Kraft lässt den Apfel vom Baum fallen?

52___Welche Kohlenart finden wir in der Bleistiftmine?

53___Der Eisenpyrit hat einen goldenen Schimmer. Wie wird er noch genannt?

54___Explodiert oder implodiert die Röhre im Fernseher?

55___Welches Luftgemisch atmen die Taucher aus ihren Flaschen?

56___Wie nennt man den Prozess, in dem Pflanzen das Sonnenlicht als Energiequelle zur Ernährung benutzen?

44___Echsenartige Reptilien.

45___ Der Tyrannosaurus Rex.

46___Mit dem pflanzlichen Leben auf der Erde.

47___Die Paläontologie.

48___Nein, obwohl manche Objekte mit Luftwiderstand langsamer fallen als ein vergleichbares, kompaktes.

49___Die Kontinentaldrift.

50___An deren Spitze.

51___ Die Schwerkraft.

52___Den Graphit.

53___ Narrengold.

54___ Sie implodiert.

55___ Sauerstoff und Helium.

56___Die Photosynthese.

57___ Der Mönch Gregor Mendel und seine Erbsen lassen an welche Wissenschaft denken?

58___ Helium hat einen ulkigen Effekt auf die menschliche Stimme. Welchen?

59___ Es gibt ein Verfahren, Nahrungsmittel, z. B. Milch, von Keimen zu befreien. Welches?

60___ J. Murray Spangler machte eine für den Haushalt wesentliche Erfindung. Was war es?

61___ Wie heißt ein künstlicher Körperteil, der einen fehlenden ersetzen soll?

62___ Wie weit sind Sonne und Erde voneinander entfernt?

63___ Würde die Sonne vollkommen erlöschen, wie lange würde es dauern, bis es auf der Erde dunkel wäre?

64___ In welchem Gegenstand des täglichen Lebens findet man die Braun'sche Röhre?

65___ Wie viele Kilometer legt das Licht in einer Sekunde zurück?

66___ Von welchen seiner mythologischen Geliebten wird der Planet Jupiter umkreist?

67___ Mit welcher Maßeinheit rechnen die Astronomen?

57___An die Genetik,
die Vererbungslehre.

58___Man klingt wie eine Mickymaus.

59___Die Pasteurisierung.

60___Der Hoover-Staubsauger.

61___Diesen Ersatz nennt man Prothese.

62___Die Entfernung beträgt 148.800.000 km,
etwa acht Lichtminuten.

63___Nach acht Minuten wäre es auf der Erde
für immer finster.

64___Im Fernseher.

65___Die Lichtgeschwindigkeit pro Sekunde
beträgt 297.600 km.

66___Von seinen Monden Io, Europa,
Callisto und Ganymed.

67___In Parsec (pc), das 3,26 Lichtjahren entspricht.
Der nächste Fixstern, Proxima Centauri ist 1,31 pc,
die nächste Galaxie, der Andromedanebel ist
670 Kiloparsec (kpc) von uns entfernt.

68___Was wird mit Ohm bezeichnet?

69___Welchen geheimnisvollen Namen trägt der Abstimmungsanzeiger beim Radio?

70___Eine Mignonfassung ist keine Fassung des berühmten Liedes. Was dann?

71___Eine Bessemerbirne wächst nicht auf Bessemerbirnbäumen. Wozu wird sie gebraucht?

72___Wann wurde der Bunsenbrenner erfunden?

73___Was bedeutet der Begriff Mach 2?

74___Was verwendet man zum Erkennen von Säuren und Basen?

75___Ein Heckspoiler ist nicht nur Dekor. Welche Funktion hat er?

76___Auf einem Schiff oder Flugzeug herrscht die Bordzeit. Was bezeichnet diese?

77___Welche Welle verbindet Getriebe und Differential?

78___Was ist ein Rad ohne Reifen?

79___Gibt es ein Gerät, das die Ausdehnung eines Körpers bei Erwärmung misst?

80___Ist Thomas Alva Edison wirklich der Erfinder der Glühlampe?

68___Die Einheit des elektrischen Widerstands.

69___Das magische Auge.

70___Eine Schraubfassung für
Birnen kleiner Leistung.

71___In dieser Vorrichtung wird
Stahl aus Roheisen erzeugt.

72___Im Jahre 1855.

73___Die doppelte Schallgeschwindigkeit.

74___Den Indikator Lackmus, meist auf
mit Lackmus getränktem Papier.

75___Er dient der Verbesserung der Bodenhaftung
bei hoher Geschwindigkeit.

76___Die der jeweiligen geografischen Lage
entsprechende Ortszeit.

77___Die Kardanwelle.

78___Eine Felge.

79___Ja, das Dilatometer.

80___Er gilt als deren Erfinder, obwohl bereits
zwanzig Jahre früher Heinrich Goebel
erste Versuche anstellte.

81___ In welcher Einheit wird
der elektrische Strom gemessen?

82___Was bedeutet VHF bei Radio und Fernsehgerät?

83___ Auch ein Computer hat ein Herz.
Wie wird es genannt?

84___Was erfand Nikolaus Otto
im Jahre 1876?

85___ Was versteht man
unter MS-DOS?

86___Wie wird ein elektronischer Kurzzeitspeicher,
wie ein Langzeitspeicher genannt?

87___Wie viele Joule hat ein Kilojoule?

88___Manometer!
Was bedeutet dieser Ausruf eigentlich?

89___Wozu braucht man ein Hygrometer?

90___Kennt jeder, der am Computer sitzt,
das auf Rollen gleitende Arbeitsgerät?

91___ Was leistet ein Scanner?

92___Wie heißt die längste Seite
eines rechtwinkligen Dreiecks?

93___Ist Phosphor ein Edelgas?

81___In Volt.

82___Very High Frequency, also Ultrakurzwelle.

83___Die CPU, die Central Processing Unit, die Zentraleinheit eines Computers.

84___Den Viertakt-Verbrennungsmotor.

85___Ein bestimmtes PC-Betriebssystem, das Microsoft Disc Organizing System.

86___RAM, Random Access Memory und ROM, Read Only Memory.

87___1.000 Joule.

88___Ein Manometer ist das Druckmessinstrument für Gase und Flüssigkeiten.

89___Um die Luftfeuchtigkeit zu messen.

90___Natürlich.
Es ist die so genannte Maus.

91___Er kann Daten, etwa ein Bild oder eine Buchseite, abtasten und aufzeichnen.

92___Die Hypothenuse.

93___Nein.

94___Führt ein Pilot die Allwetterlandung aus?

95___Was ist ein Akku?

96___Wie heißt der internationale Flughafen von Amsterdam?

97___Über welche Starthilfe verfügt ein Dieselmotor?

98___In welcher Stadt findet die CeBit statt?

99___In welchem Wellenbereich treten Röntgenstrahlen auf?

100___Unter welchem Namen ist der Cyanwasserstoff noch bekannt?

101___Wie nennt man ein unwirksames Scheinpräparat, das trotzdem die Befindlichkeit verbessert?

102___Welches Edelmetall wird in der Chemie mit Au bezeichnet.

103___Wie viele chemische Elemente gibt es?

104___Ohne Natriumchlorid schmeckt alles fade. Was ist das?

105___Wie färbt sich Lackmuspapier im sauren Medium?

94___Nein, diese Landung wird vollautomatisch, ohne Bodensicht, von bord- und bodenseitigen Anlagen geleistet.

95___Ein Akkumulator ist ein elektrochemischer Energiespeicher, z. B. in Form von Batterien.

96___Schiphol.

97___Über eine Glühkerze.

98___Diese große Elektronikmesse findet in Hannover statt.

99___Im Bereich von 10 Piktometern (pm) bis 10 Nanometer (nm).

100___Als Blausäure.

101___ Ein Placebo.

102___Das Gold, lateinisch Aurum.

103___ Bis 1977 gab es 105, inzwischen sind vier weitere dazugekommen.

104___Salz.

105___ Rot.

106__ Beim Arztbesuch steht eine Sonographie an.
Welcher Begriff ist geläufiger?

107__ Welches bei früheren Operationen notwendige
Mittel fand Justus von Liebig?

108__ Wie ist das Periodensystem
der Chemie aufgebaut?

109__ Wie nennt man das höchst wirksame Lösungsmittel,
das aus drei Teilen konzentrierter Salzsäure und
einem Teil konzentrierter Salpetersäure besteht?

110__ Woraus setzt sich Porzellan zusammen?

111__ Was ist der pH-Wert?

112__ Wie wird der Fruchtzucker, der z. B. in Honig
oder Trauben enthalten ist, noch genannt?

113__ Wie heißt die Galaxie,
die unserer Milchstraße
am nächsten ist?

114__ Der Stern Polaris hat auch andere Namen. Welche?

115__ Es gibt ein Gas, das berüchtigt für seinen Gestank
nach faulen Eiern ist. Welches?

116__ Im Kinderzimmer herrscht völliges Durcheinander.
Welche Theorie befasst sich mit diesen komplexen
und scheinbar zufälligen Prozessen?

106__Die Ultraschalldiagnose.

107__Das Betäubungsmittel Chloroform.

108__Nach dem Atombau, nach steigender Ordnungszahl, welche die Anzahl der Elektronen in der Atomhülle angibt.

109__Königswasser.

110__ Aus Kaolin, Feldspat und Quarz.

111__ Der Säuregrad einer Lösung.

112__ Traubenzucker, Glukose oder Dextrose.

113__ Der Andromeda-Nebel im gleichnamigen Sternbild, bei klarem Himmel mit bloßem Auge sichtbar. Er ist 670 kpc von unserer Heimatgalaxie, der Milchstraße, entfernt.

114__ Nordstern oder Polarstern.

115__ Der Schwefelwasserstoff.

116__ Die Chaostheorie.

117__ Welcher Stoff fehlt dem Blatt, das nicht grün ist?

118__ Ist das Gen für sechs Finger dominant über das Gen für fünf Finger?

119__ Was versteht man unter Panspermie?

120__ Dass Wasser auf den Mond reagiert, wissen wir. Wie verhält es sich mit der Erde?

121__ Wann und von wem wurde der Planet Uranus entdeckt?

122__ 1938 wurde ein revolutionäres Schreibgerät erfunden? Was war das?

123__ Was ist ein Quantensprung?

124__ Geht man mit einer Petrischale angeln?

125__ Die häufigsten Lebewesen auf der Erde sind nicht etwa die Menschen. Welche denn?

126__ Gibt es Pflanzen, die trotz Mangels an Sonnenlicht Chlorophyll entwickeln können?

127__ Auf der Celsius-Skala gefriert Wasser bei O Grad. Wie ist das auf der Fahrenheit-Skala?

128__ „Heureka!“, rief der große Archimedes in der Wanne. Was hatte er gefunden?

117__ Das Chlorophyll.

118__ Ja, das heißt,
es wird vererbt.

119__ Die Annahme, dass das Leben auf der Erde von irgendwo aus dem Universum gekommen ist.

120__ Auch im Boden zeigen sich minimale Bewegungen, die der Mond verursacht.

121__ Von Wilhelm Herschel
im Jahre 1781.

122__ Der Kugelschreiber.

123__ Der abrupte Wechsel von einem Energielevel zum anderen.

124__ Nein, man züchtet darin auf Agar-Agar, einer Nährlösung, Bakterienkulturen.

125__ Die Käfer.

126__ Ja.

127__ Dort gefriert das Wasser
bei 32 Grad Fahrenheit.

128__ Das Prinzip der Verdrängung, um das Volumen eines Körpers zu berechnen.

129__ Wer begründete die moderne Chemie?

130__ Was ist eine Legierung?

131__ In welcher Flüssigkeit kann man sogar Gold und Platin auflösen?

132__ Welches ist der größte Planet unseres Sonnensystems?

133__ Manchmal ist am Himmel eine Eklipse zu beobachten. Was sieht der Betrachter?

134__ In welcher Vergrößerung kann man ein Pantoffeltierchen mit einem modernen Mikroskop sehen?

135__ Wie viele Wasserstoffatome ergeben 1 Millimeter?

136__ Ist der Atomkern positiv oder negativ geladen?

137__ Wie viele Elemente kommen in der Natur vor?

138__ Was erforscht die Naturwissenschaft Physik?

139__ Was sind die Gebiete der klassischen Physik?

140__ Die moderne Physik beschäftigt sich mit sehr komplexen Gebieten. Welchen?

129__ Der Franzose Antoine Lavoisier.

130__ Ein Metall, das aus zwei oder mehr Metallen besteht.

131__ In Königswasser, das aus Salzsäure und Salpetersäure besteht.

132__ Der Planet Jupiter, dessen Masse größer ist als die der anderen Planeten zusammen.

133__ Eine Verdunkelung oder totale Verfinsterung eines Himmelskörpers, meist der Sonne oder des Mondes.

134__ In 2.000facher Vergrößerung, es gibt aber auch Abtastmikroskope, die millionenfach vergrößern können.

135__ 10 Millionen.

136__ Positiv.

137__ 92 Elemente, die weiteren 13, die Transurane, wurden künstlich hergestellt.

138__ Die allgemeinen Naturgesetze mit experimentellen und mathematischen Methoden.

139__ Mechanik, Akustik, Wärmelehre, Optik, Magnetismus, Elektrizitätslehre.

140__ Mit Spezieller Relativitätstheorie, Allgemeiner Relativitätstheorie, Quanten-, Atomkern- und Elementarteilchenphysik.

141__ Welches ist die allertiefste Temperatur, die erzielt werden kann?

142__ Was ist ein Spektrum?

143__ Was wurde zuerst erfunden, die Schraube oder der Schraubenzieher?

144__ Welche Verbesserung für das Rad haben wir Mr. John Dunlop zu verdanken?

145__ Was erfand Guglielmo Marconi im elterlichen Dachboden?

146__ Über welche hochtechnische Ausbildung verfügte die Hündin Laika?

147__ Woraus besteht die Verbindung zwischen einem Fahrrad und Leonardo da Vinci?

148__ Welches Zeitmessgerät hat die meisten beweglichen Teile?

149__ Die Zentrifugalkraft drängt Objekte nach außen. Wie heißt die entgegengesetzte Kraft?

150__ Im Mittelalter dienten Kerzen nicht nur als Lichtquelle. Welche Aufgabe übernahmen sie?

151__ Hat eine Sonnenuhr bewegliche Teile?

152__ Wurde die Rasierklinge von einem „König“ erfunden?

141__ −273,15 Grad Celsius.

142__ Die Zerlegung des weißen Lichts in ein Farbband, wie es der Regenbogen zeigt.

143__ Die Schraube.

144__ Die Erfindung des pneumatischen Reifens.

145__ Das Radio.

146__ Sie flog an Bord eines russischen Raumschiffs mit.

147__ Er entwarf die Kettenvorrichtung, die später am Fahrrad verwendet wurde.

148__ Die Sanduhr.

149__ Die Zentripetalkraft.

150__ Sie dienten zugleich als einfache Zeitmessgeräte.

151__ Nein.

152__ Ja, der Mann hieß King Camp Gillette.

153__ Welches hochzivilisierte Land kannte
die erste mechanische Uhr?

154__ Die Firma Remington verkaufte Gewehre,
bis Christopher Latham Soles kam.
Was geschah danach?

155__ In welchem Teil der Welt wurde das Rad erfunden?

156__ Die Erfindung des Alessandro Volta steckt
in Weckern und Walkmans. Was erfand er?

157__ Welche bestens vertraute Erfindung, für die auch
Phosphor verwendet wurde, meldete der Schuster
Alonzo Philips 1836 zum Patent an?

158__ Vor welchem berühmten Gebäude wurde
die erste Ampel errichtet?

159__ Welche Form hat eine Amöbe
unter dem Mikroskop?

160__ Wie heißt das Elementarteilchen, dessen Aussehen
mit „seltsamer Schönheit" charakterisiert wird?

161__ Welche brisante Mischung ergeben 75 % Salpeter,
10 % Schwefel und 15 % Kohle?

162__ Mit welcher physikalischen Kraft
arbeitet der Nussknacker?

163__ Welche hochexplosive Chemikalie wird auch in
der Behandlung von Herzkrankheiten erfolgreich
eingesetzt?

153__ China.

154__ Remington vertrieb seine bahnbrechende Erfindung, die Schreibmaschine.

155__ In Mesopotamien.

156__ Die Batterie.

157__ Die Streichhölzer.

158__ Vor dem House of Parliament in London.

159__ Keine genau definierte, da es sich dabei um ein so genanntes Wechseltierchen handelt.

160__ Das Quark.

161__ Schießpulver.

162__ Mit der Hebelwirkung.

163__ Das Nitroglyzerin.

164__ Womit befasst sich
die Wissenschaft der Metereologie?

165__ Welcher polnische Astronom vertrat die These,
die Erde und die anderen Planeten drehten sich
um die Sonne?

166__ Wann wurde der Spiegel erfunden?
567 v. Chr., 1278 n. Chr. oder 1500 n. Chr.?

167__ Im Urwald der Urzeit streifte das gefährliche
Smilodon umher. Wie hieß es noch?

168__ Diacetylmorphin ist ein gefährliches Rauschgift.
Unter welchem Namen ist es besser bekannt?

169__ Die Illustrierten von heute wären ohne
W. Henry Fox nicht denkbar. Was erfand er?

170__ Welcher berühmte Gelehrte verwendete als
Erster ein Teleskop, um die Gestirne zu studieren?

171__ Was passiert mit dem Druck in der Atmosphäre,
je höher man kommt?

172__ Was ist ein Becquerel?

173__ Er erfand den Revolver, der auch
seinen Namen trägt. Wer war's?

174__ Was ist eine ökologische Nische?

164__ Mit Vorgängen in der Atmosphäre unseres Planeten und damit dem Wetter.

165__ Nikolaus Copernikus.

166__ Im Jahre 1278 n. Chr.

167__ Säbelzahntiger.

168__ Es wird auch Heroin genannt.

169__ Die fotografischen Prozesse des modernen Entwickelns.

170__ Galileo Galilei.

171__ Er nimmt ab.

172__ Die Maßeinheit der radioaktiven Belastung.

173__ Samuel Colt.

174__ Eine Region oder ein Land (z. B. Australien), wo sich aufgrund der besonderen Bedingungen eine bestimmte Art besonders vermehrt hat. So gibt es nur dort die Beuteltiere.

175__ Wodurch werden die Zellwände von Pflanzen verhärtet und verdickt?

176__ Was hätten Taucher nicht ohne die Erfindung von Joseph Priestly?

177__ Warum haben die Kumpels im Bergbau Humphrey Davy sehr viel zu verdanken?

178__ Was bildet eine Gruppe von Nervenzellen?

179__ Welche Himmelskörper, die mehrere Millionen von Lichtjahren entfernt sind und eine hohe Radiostrahlung aussenden, entdeckte man 1961?

180__ Könnte man auf dem Mond Würstchen über einem Lagerfeuer grillen?

181__ Wie lange braucht der Mond für seine Umlaufbahn um die Erde?

182__ Warum sieht es herrlich aus, wenn die Elektronen in der Erdatmosphäre mit verdünnten Gasen kollidieren?

183__ An welchem Tag betrat Neil Armstrong als erster Mensch den Mond?

184__ Wer wollte eigentlich nach Indien und entdeckte dabei Amerika?

185__ Amerika ist nicht nach seinem Entdecker benannt. Wer gab dem Kontinent den Namen?

175__ Durch die Substanz Lignin.

176__ Sauerstoff in Flaschen.

177__ Er erfand die Grubenlampe.

178__ Ein Ganglion.

179__ Die Quasare.

180__ Nein. Der Mond hat weder Atmosphäre noch Sauerstoff, der für den Brennvorgang unerlässlich ist.

181__ Er braucht dazu 28 Tage.

182__ Weil dann Nordlichter in allen Regenbogenfarben am Himmel zu sehen sind.

183__ Am 21. Juli 1969.

184__ Christoph Kolumbus.

185__ Der Seefahrer und Entdecker Amerigo Vespucci.

Wunderwerke aus Natur und Kultur

VON ANGKOR WAT BIS ZUR „UNVOLLENDETEN“

1_____ In welcher Stadt im Delta des russischen Flusses Newa, die von Zar Peter dem Großen gegründet wurde, befindet sich die berühmte Bildergalerie „Eremitage“?

2_____ Auf welcher Halbinsel im Nordosten Asiens gibt es neben zahlreichen heißen Quellen 126 Vulkane, von denen 21 noch tätig sind?

3_____ Wie heißt die ungarische Stadt, die durch die Donau in zwei Hälften geteilt wird, wobei eine Hälfte ein reines Geschäftszentrum und die andere der kulturelle Mittelpunkt ist?

4_____ In welchem berühmten Biosphären-Reservat in Rumänien leben Tausende von Vögeln, darunter auch Pelikane und Ibisse?

1____ In Petersburg,
dem früheren Leningrad.

2____Auf Kamtschatka.

3____ Budapest, d. h. Buda und Pest.

4____Im Donaudelta.

5____ Wie heißt der wunderschöne Nationalpark in Kroatien – Schauplatz so mancher Wildwestfilm-Produktion –, in dem es 16 Seen und Wasserfälle in Höhe von 49 m gibt?

6____ Welchen Namen trägt die längste Brücke Europas und wo befindet sie sich?

7____ Wen stellt das einzige Reiterstandbild, das aus der Antike vollständig erhalten ist, dar? Tipp: Es ist in Rom zu besichtigen.

8____ Auf Island gibt es mit 8.456 Quadratkilometern einen riesigen Gletscher. Wie heißt er?

9____ Welche Brücke ist länger, die Golden Gate Bridge in San Francisco oder die Verrazano Narrows in New York?

10____ Eines der sieben Weltwunder der Antike stand auf einer Insel bei Alexandria in Ägypten und führte Seeleute sicher durch die Nacht. Worum handelte es sich?

11____ Auf welche effektive Weise schützte sich der römische Kaiser Hadrian in Nordengland vor der Bedrohung schottischer Stämme?

12____ Welcher Steinkreis gilt als das größte Monument der Megalith-Kultur in Europa?

13____ Oberhalb der Stadt Granada thront eine prächtige islamische Festung. Welchen Namen trägt sie?

5____ Plitvicer Seen.

6____Die 1.624 m lange Store-
Baelt-Brücke in Dänemark.

7____ Den römischen Kaiser Marc Aurel.

8____Vatnajökull.

9____Die Verrazano-Narrows-Brücke ist 18 m länger als die 1.280 m lange Golden Gate Bridge.

10___Um einen Leuchtturm.

11___ Er ließ einen 117 km langen Wall von Küste zu Küste errichten, den so genannten „Hadrianswall“. Einige Kastelle und Wachtürme kann man heute noch besichtigen.

12___ Stonehenge in England. Die Bedeutung des Heiligtums liegt immer noch im Dunkeln.

13___ Alhambra, auf Arabisch: „Die Rote“.

14___ Wer war einer der größten deutschen Maler und Zeichner, der für seine zahlreichen Selbstbildnisse, Kupferstiche und das Gemälde „Die vier Apostel“ berühmt wurde?

15___ Wie heißt die Hauptkirche von England, in der im Jahre 1170 der Erzbischof Thomas Becket ermordet wurde?

16___ Welche Stadt, die zu den ältesten in Spanien gehört, liegt am Fluss Tajo und war die prunkvolle Residenz der Könige von Kastilien?

17___ In welcher deutschen Stadt kann man vom Rheinufer aus einen Dom im Stil der Hochgotik sehen?

18___ In welcher spanischen Stadt befindet sich in Gestalt einer Moschee, die heute als Kathedrale dient, ein wichtiges Zeugnis maurischer Baukunst?

19___ Wer gründete den Tower of London im Jahre 1066?

20___ In welcher Hansestadt steht Deutschlands bedeutendstes Stadttor und wie wird es genannt?

21___ Von welchem niederländischen Künstler stammt das Gemälde „Giovanni Arnolfini mit seiner Frau“?

22___ In welcher deutschen Stadt befindet sich die Tür der Schlosskirche, an die Luther seine 95 Thesen anschlug?

23___ Aus welcher Zeit stammt die Chinesische Mauer in ihrer heutigen Form?

14___ Albrecht Dürer (1471–1528).

15___ Die Kathedrale von Canterbury.

16___ Toledo.

17___ In Köln.

18___ In Córdoba.

19___ Wilhelm der Eroberer.

20___ Das Holstentor in Lübeck.

21___ Vom niederländischen Maler Jan van Eyck.

22___ In Wittenberg.

23___ Aus dem 15. Jahrhundert,
der Zeit der Ming-Dynastie.

24___ In welchem berühmten Wallfahrtsort im Nahen Osten befinden sich Heiligtümer des Judentums, des Islam und des Christentums?

25___ Wie heißt das herrliche Grabmal der Inderin Arjuman Banu Begum, dessen Name „Krone der Paläste“ bedeutet?

26___ Lhasa, die ehemalige Hauptstadt Tibets, wird von einer Palastburg überragt, die einen roten und einen weißen Teil hat. Wie heißt sie?

27___ Was war der Lieblingsaufenthalt Friedrichs des Großen? Ein Hinweis: Es handelt sich um ein Rokoko-Schloss bei Potsdam, dessen französischer Name „sorgenfrei“ bedeutet.

28___ Von welchem spanischen Künstler stammt das Gemälde, das die Zerstörung der Stadt Guernica während des spanischen Bürgerkrieges zum Gegenstand hat?

29___ Eine 21 ha große Tempelanlage im chinesischen Qufu ist dem berühmtesten chinesischen Philosophen gewidmet. Wer ist es?

30___ Im Jahr 1974 kam es in China bei Xi'an zu einer sensationellen Entdeckung in einem Seitengrab des Ersten Kaisers Quin Shihuangdi. Worum handelt es sich?

31___ Welche Region in Afrika wird aufgrund der zahlreichen Fossilienfunde (z. B. „Lucy“, ein früher Hominide) als Wiege der Menschheit angesehen?

24___In Jerusalem.

25___Tadsch Mahal.

26___Potala.

27___Das Schloss „Sanssouci“.

28___Von Pablo Picasso.

29___Konfuzius.

30___Um den Fund der so genannten „Terrakotta-Armee“, d. h. ca. 8.000 lebensgroße, aus Ton gebrannte Soldatenfiguren mit individuell gestalteten Gesichtszügen.

31___Die Region um die Unterläufe der äthiopischen Flüsse Omo und Awash.

32___ Wo befinden sich die afrikanischen Victoria-Wasserfälle, die sich über eine Breite von 1.700 m in die Tiefe stürzen, und von welchem Fluss werden sie gespeist?

33___ Nach welcher Steppenlandschaft ist der berühmteste Nationalpark Afrikas, der sich über 15.000 Quadratkilometer erstreckt, benannt?

34___ Wie heißt der Berg, der von den Bewohnern Kenias als heilig angesehen wird?

35___ Welcher Künstler der italienischen Hochrenaissance war außerdem ein herausragender Wissenschaftler, der u. a. Skizzen für Fluggeräte und Bewässerungsanlagen anfertigte?

36___ Wie funktionierte die 5.000 Jahre alte indianische „Bisonfalle", die in Kanada gefunden wurde?

37___ Über der griechischen Hauptstadt Athen erbauten die Bewohner eine Kultstätte, die Akropolis. Wie heißen die wichtigsten klassischen Baudenkmäler?

38___ Olympia war ein altgriechisches Heiligtum von Zeus und Hera, und eines der antiken sieben Weltwunder stand ursprünglich dort. Welches?

39___ Welche griechische Insel, die nur 3,6 Quadratkilometer groß ist, gilt als Geburtsort des Gottes Apoll?

40___ Wo in Griechenland befindet sich der am besten erhaltene antike Theaterbau?

32___ Sie befinden sich in Sambia und Simbabwe und werden vom Sambesi gespeist.

33___ Nach der Serengeti im Norden Tansanias. Dort leben die größten Steppentierherden der Erde – Zebras, Gnus, Gazellen etc.

34___ Der Kilimandscharo, dessen Name auf Suaheli „Berg der bösen Geister“ bedeutet.

35___ Leonardo da Vinci.

36___ Die Bisons wurden über den Rand einer 18 m hohen Klippe gejagt. Die hinuntergestürzten Tiere wurden dann von den unten wartenden Jägern zerlegt.

37___ Der Parthenon, das Erechtheion und der Nike-Tempel.

38___ Die Zeusstatue, eines der Meisterwerke des griechischen Bildhauers Phidias.

39___ Delos.

40___ In Epidauros.

41___Wie heißt das größte und älteste Zentrum der Maya-Kultur, das in Guatemala entdeckt wurde?

42___Was ist die Hauptattraktion im ältesten Nationalpark der Welt, dem Yellowstone im US-Bundesstaat Wyoming?

43___In welcher Funktion hat das altgriechische Heiligtum Olympia dauerhafte Berühmtheit erlangt?

44___Ein Großteil der Galapagosinseln westlich von Ecuador wurden 1959 unter Naturschutz gestellt. Aus welchem Grund?

45___Der Grand Canyon in Amerika ist eine Erosionslandschaft, die ein Fluss über Jahrmillionen hinweg gegraben hat. Wie heißt er?

46___Von wem stammt das Gemälde „Frühstück im Freien“?

47___In welchem Gebirgszug, dessen Name einfach „Schneebedecktes Gebirge“ bedeutet, befindet sich der amerikanische Yosemite-Nationalpark?

48___An welchem Gebäude in Norwegen lässt sich ausgezeichnet sehen, wie die Wikinger im 11. Jahrhundert bauten?

49___Wer malte das Gemälde „Der Schrei“?

41 Tikal. Über 3.000 Gebäude wurden schon freigelegt, darunter die höchste Pyramide Amerikas, die 65 m hoch ist.

42 Der „Old Faithful“ genannte Geysir, der bis zu 50 m hoch „spuckt“.

43 Als Schauplatz der Olympischen Spiele von 776 v. Chr. bis 393 n. Chr. im Abstand von vier Jahren. Betrieben wurden neben anderen Sportarten der klassische Fünfkampf, Dauerlauf und Wagenrennen.

44 Die einzigartige Tier- und Pflanzenwelt. Nur dort findet man Riesenschildkröten, Meerechsen und die berühmten Galapagos-Finken.

45 Der Colorado River.

46 Edouard Manet.

47 In der Sierra Nevada.

48 An seiner ältesten, mit reichem Schnitzwerk verzierten Stabkirche. Ihre Wände bestehen aus senkrechten Pfosten, und ihre Dächer sind steil übereinandergeschichtet.

49 Edvard Munch.

50___ Wo befindet sich die älteste skandinavische Christus-Darstellung?

51___ Wofür sind die drei kleinen St.-Kilda-Inseln bei Vogelliebhabern bekannt?

52___ Im griechischen Ephesos stand eines der sieben antiken Weltwunder. Es handelte sich um einen Tempel, welcher der Göttin der Jagd gewidmet war. Wie hieß sie?

53___ Welches Musterbeispiel gotischer Architektur ist noch heute das Zentrum der südfranzösischen Stadt Avignon?

54___ Wie heißt der berühmte Wallfahrtsort des Christentums, der sich in Spanien befindet?

55___ Wie heißt die berühmte Höhle in der spanischen Provinz Santander, deren altsteinzeitliche, farbige Felsmalereien sich über 240 m erstrecken?

56___ Welche Stadt in Zentralspanien ist für die herrliche Fassade ihrer Universität berühmt?

57___ Wie heißt das größte System von Korallenriffen und -inseln der Welt, in dem mehr als 1.500 tropische Fischarten und über 400 verschiedene Arten von Korallen heimisch sind?

58___ Zu welchem Opernzyklus gehört „Die Walküre“?

50___ Auf einem Grabstein, auf welchem in Runeninschriften König Harald (ca. 940–986 n. Chr.) seiner Eltern gedenkt.

51___ Sie bieten Nistplätze für die größte Tölpel-Kolonie der Welt. Bei dieser Vogelart handelt es sich um einen stoßtauchenden Küstenvogel.

52___ Artemis.

53___ Der ehemalige Papstpalast, der während des „Babylonischen Exils“ von 1309–1376 die römischen Päpste beherbergte.

54___ Santiago de Compostela. Der Sage nach wurden am Ort der heutigen Kathedrale die Gebeine des Apostels Jakobus des Älteren gefunden.

55___ Altamira.

56___ Salamanca.

57___ Das Great Barrier Riff vor der Ostküste von Queensland in Australien.

58___ Zu „Der Ring des Nibelungen“.

59___Wofür ist die spanische Stadt Avila berühmt?

60___Zu welcher Stilrichtung zählen die französischen Maler Degas, Renoir, Manet, Monet und Cézanne?

61___Welcher Klosterbau nordwestlich von Madrid wurde von König Philipp II. im Jahr 1563 als Einheit von Kloster, Kirche, Palast und Mausoleum erbaut?

62___In welcher nordafrikanischen Stadt befindet sich die älteste Universität der islamisch-arabischen Welt?

63___Welche Stadt, die für ihr Minarett weltberühmt ist, liegt am Fuße des Atlas inmitten einer reich bewässerten Oase?

64___Wo findet man die letzten Überreste der traditionellen Ashanti-Kultur aus Ghana?

65___In Mailand, genauer gesagt in der Kirche Santa Maria delle Grazie befindet sich eines der berühmtesten Gemälde Leonardo da Vincis. Um welche biblische Szene handelt es sich?

66___Im Zentrum welcher Stadt, die auch „die Ewige" genannt wird, erinnern Baudenkmäler wie das Kolosseum an ihre Blütezeit als Residenz römischer Kaiser?

67___In der italienischen Stadt San Gimignano in der Provinz Siena kann man die Überreste von 14 Geschlechtertürmen besichtigen. Was sollten diese symbolisieren?

59___Als Wallfahrtsort und für die am besten erhaltene Stadtmauer in ganz Spanien.

60___Zum Impressionismus.

61___El Escorial.

62___In der marokkanischen Stadt Fes.

63___Die Königsstadt Marrakesch.

64___In der Stadt Kumasi in Zentral-Ghana.

65___Das letzte Abendmahl.

66___Im Zentrum Roms.

67___Den Einfluss und die Macht des Stadtadels.

68___Seit dem 5. August 1945 gibt es in dieser japanischen Stadt zahlreiche Mahnmale gegen den Krieg. Wie heißt sie, und was geschah?

69___Was war der Zweck der Tempelanlage von Angkor Wat in Nordkambodscha, und wie hieß das Volk, welches sie erbaute?

70___Welche Stadt in der Toskana, berühmt für ihre unvergleichlichen Kunstsammlungen, war über 600 Jahre lang das Zentrum von Renaissance und Humanismus?

71___Zu welchem Zeitpunkt begann der schiefe Turm von Pisa sich nach Südosten zu senken?

72___In welcher ehrwürdigen Stadt in Japan, die bis 1868 Hauptstadt war, zeugen noch immer über 1.500 buddhistische Tempel, Zen-Gärten und ein Kaiserpalast von der einstigen Glanzzeit?

73___Welches Pflanzungssystem, das sich in mehr als 2.000 Jahren vervollkommnet hat, wird oft als das achte Weltwunder bezeichnet?

74___Welches großartige chinesische Baudenkmal wird umfassend als „Verbotene Stadt“ bezeichnet?

75___Welcher berühmte französische Maler, der in Landschaften das Wechselspiel des Lichts in zarten Farben wiedergibt, erfand den Begriff „Impressionismus“?

68___Hiroshima, und an diesem Tag wurde von den Amerikanern im 2. Weltkrieg eine Atombombe abgeworfen.

69___Sie war das politische Zentrum der Khmer und diente auch als Mausoleum des Königs Suryavaman II.

70___Florenz.

71___Noch während der Bauarbeiten im Jahr 1173. Inzwischen hat er sich um 4,27 m geneigt.

72___In Kyoto.

73___Die Reisterrassen im Banaue-Tal auf den Philippinen, deren Fläche sich über 250 Quadratkilometer erstreckt.

74___Der Kaiserpalast in Beijing. Der 150.000 qm große Palastbezirk diente 24 Herrschern als Residenz und Regierungssitz. Nur wenigen Personen war der Zugang gestattet.

75___Claude Monet.

76___Was gibt es in der Tempelanlage Abu Simbel in Südägypten zu sehen?

77___Wie heißt das Zentrum der russischen Hauptstadt, das als eine Zwingburg erbaut wurde?

78___Auf welchem Berg in Griechenland hat sich eine autonome Mönchsrepublik mit inzwischen 20 Großklöstern gebildet?

79___Welchen Namen trug dasjenige Weltwunder, das in Form eines 32 m hohen Erzstandbildes des Sonnengottes Helios den Hafen von Rhodos bewachte?

80___Welche weltberühmten Bauwerke befinden sich im einstigen Byzanz, das heute Istanbul heißt?

81___Welche berühmte ägyptische Totenstadt befindet sich nahe Theben, das lange Zeit Hauptstadt und religiöser Mittelpunkt des Pharaonenreiches war? Hinweis: Nur gekrönte Häupter wurden dort begraben.

82___Welches Heiligtum befand sich im griechischen Delphi?

83___Die Inka-Stadt Machu Picchu über dem Urubamba-Tal wurde erst 1911 entdeckt. Ist bekannt, warum die ca. 10.000 Einwohner ihre Stadt verlassen haben?

84___Welches der sieben Weltwunder der Antike verbindet man mit der sagenumwobenen Königin Semiramis?

76___Zwei Felsentempel und Kolossalstatuen
aus der Zeit des Pharao Ramses II.

77___Der Kreml. Er war Sitz des Zaren und des Patriarchen der griechisch-orthodoxen Kirche und umfasst wertvolle Kirchen und Paläste.

78___Auf dem Berg Athos.

79___Koloss von Rhodos.

80___Die Hagia Sophia und die blaue Moschee mit ihren einzigartigen Minaretten.

81___Das Tal der Könige.

82___Der Apollo-Tempel
mit dem berühmten Orakel.

83___Nein, das gibt bis heute Rätsel auf.

84___Ihre berühmten Dach- bzw. Terrassengärten (daher: „hängende Gärten“) in Babylon.

85___In welcher Landschaft entstand Van Goghs Gemälde „Die Brücke von Arles“?

86___Welche ist die bedeutendste und welche die älteste Pyramide im südlichen Nildelta?

87___Die Stadt Brasília wurde nach modernsten städtebaulichen Gesichtspunkten in einer Rekordzeit erbaut. Wie lange dauerte die Fertigstellung?

88___Welche Bauten in Ägypten wurden den sieben Weltwundern zugeordnet?

89___Was ist an den Felszeichnungen aus der Bronzezeit (1800 v. Chr. – 700 v. Chr.), die man rund um die schwedische Gemeinde Tanum gefunden hat, so besonders?

90___Welches grandiose Naturschauspiel findet sich im Dreiländereck: Brasilien – Argentinien – Paraguay?

91___Auf welcher Südsee-Insel malte Paul Gauguin seine bekanntesten Werke?

92___Wie werden die Steinfiguren genannt, die – mit den Augen aufs Meer gerichtet – an den Küsten der Osterinsel stehen?

93___Welcher bedeutende deutsche Komponist des Barock schuf hauptsächlich Orgel- und Kirchenmusik?

94___Wer komponierte die Oper „Fidelio“?

85___In der Provence.

86___Die 138 m hohe Cheopspyramide auf der Ebene von Giseh ist die bedeutendste, die des Pharaos Djoser die älteste Pyramide.

87___Drei Jahre.

88___Die ägyptischen Pyramiden.

89___Es sind auffällig viele Darstellungen von Schiffen darunter.

90___Die Wasserfälle des Iguacu. Der Fluss teilt sich in 275 einzelne Fälle und donnert 80 m tief zu Tal.

91___Auf Tahiti.

92___Moai. Sie sind Überreste der im 18. Jahrhundert untergegangenen polynesischen Kultur.

93___Johann Sebastian Bach.

94___Ludwig van Beethoven.

95___Wie heißt die Krönungskirche der englischen Könige, die im frühgotischen Stil erbaut ist?

96___Welches prächtige Renaissance-Schloss beherbergte Könige und Kaiser von Ludwig IX. bis Napoleon III.?

97___Wie heißt die bedeutendste heilige Stätte der australischen Aborigines? Tipp: Sie ist ein großer Felsen!

98___Was ist das größte Gotteshaus Frankreichs?

99___Welchem Kontinent ist Dvořáks Symphonie „Aus der neuen Welt“ gewidmet?

100___Wie heißt die ehemalige Abtei, die sich auf einer Insel in einer Bucht des Ärmelkanals befindet, und deren Festungsanlage bei Ebbe zu Fuß umlaufen werden kann?

101___Was war der Zweck des dreistöckigen Bauwerks über dem Tal des Gard, das 49 m hoch und 275 m lang ist und ohne Mörtel und Klammern errichtet wurde?

102___Was haben die Opern „Figaros Hochzeit“ und „Der Barbier von Sevilla“ gemeinsam?

103___Welcher gehört zu den besterhaltenen römischen Theaterbauten in Frankreich?

104___Welcher niederländische Maler ist durch seine fantastischen Darstellungen des Volkslebens, der Höllenstrafen und Sünden berühmt?

95___Westminster Abbey.

96___Schloss Fontainebleau, südöstlich von Paris.

97___Ayers Rock.

98___Die Kathedrale Notre-Dame, die als Musterbau der französischen Gotik gilt.

99___Amerika.

100___Mont St. Michel.

101___Es diente den Römern als Aquädukt und gehörte zu der insgesamt 41 km langen Wasserleitung nach Nîmes.

102___Sie beruhen beide auf Beaumarchais' Lustspiel „Der tolle Tag“.

103___Das Theater im südfranzösischen Orange mit seiner 103 m langen Fassade.

104___Hieronymus Bosch.

105__ In welcher Stadt des Bundeslandes Rheinland-Pfalz befindet sich das Tor der römischen Stadtbefestigung, die Porta Nigra?

106__ In welcher Stadt oberhalb der Tauber kann man einen Schnitzaltars des berühmten Bildhauers und Bildschnitzers Tilman Riemenschneider bewundern?

107__ Wie heißen zwei der berühmtesten Skulpturen Rodins?

108__ Welche polnische Stadt war im Mittelalter Krönungsort der polnischen Könige und reichste Stadt des Landes?

109__ Was ist besonders bemerkenswert an Schuberts achter Symphonie?

110__ In welcher Stadt in Tschechien, durch welche die Moldau fließt, kann man über die Karlsbrücke mit ihren barocken Heiligenstatuen hinüber zum Hradschin gehen?

111__ Welches Schloss in Wien war Sommerresidenz der Habsburger?

112__ Wofür ist Lascaux in Südfrankreich berühmt?

113__ Welcher niederländische Künstler wurde mit Darstellungen des einfachen bäuerlichen Lebens weltbekannt?

114__ Wer komponierte die Oper „Carmen“?

105__ In Trier.

106__In Rothenburg ob der Tauber.

107__ „Der Kuss“ und „Der Denker“.

108__Krakau.

109__Sie ist unvollendet.

110__ In Prag.

111___Schloss Schönbrunn.

112__ Für seine altsteinzeitlichen Felsenmalereien.

113__ Pieter Breughel der Ältere.

114__ Georges Bizet.

115__ In welcher italienischen Lagunenstadt, die sich über 128 Inseln erstreckt, befindet sich der berühmte Markusplatz?

116__ Wie hoch ist die Freiheitsstatue, und wer machte sie den Amerikanern zum Geschenk?

117__ Wo befindet sich das größte und weitverzweigteste Höhlensystem der Welt?

118__ Wem wurde bis vor einigen Jahren das Gemälde „Der Mann mit dem Goldhelm" zugeschrieben?

119__ Unter welchem Beinamen ist die Statue der Aphrodite im Pariser Louvre bekannt?

120__ In welcher Sumpflandschaft Floridas leben Alligatoren, Weißkopfadler und Pelikane?

121__ Wo ist der einzige Platz auf der Welt, an dem man vulkanische Aktivitäten ganz „hautnah" miterleben kann?

122__ Aus welcher Oper stammt der „Gefangenenchor"?

123__ Welche mexikanische Stadt wurde im 11. Jahrhundert von den Maya errichtet und später von den Tolteken erweitert?

124__ Im amerikanischen Bundesland Colorado befinden sich Ruinen von über 4.000 Lehmziegelbauten einer hoch entwickelten Indianer-Kultur.
Wie hieß sie?

115__ In Venedig.

116__ Die 46,50 m hohe Statue kam als ein Geschenk der Franzosen.

117__ Im Südwesten des amerikanischen Bundesstaates Kentucky. Bisher wurden Gänge mit einer Gesamtlänge von mehr als 500 km erforscht.

118__ Rembrandt van Rijn.

119__ Als „Venus von Milo“.

120__ In den Everglades.

121__ Auf der Insel Hawaii. Dort sind die beiden noch aktiven Vulkane Mauna Loa und Kilauea.

122__ Aus „Nabucco“ von Giuseppe Verdi.

123__ Chichén Itzá. Das Zentrum des heiligen Bezirks bildet eine dem Gott Quetzalcoatl geweihte Stufenpyramide.

124__ Die Anazasi-Indianer. Sie lebten dort von 550 bis ca. 1300.

125__ Welcher französische Maler widmete sich besonders den Darstellungen von Ballettszenen?

126__ Wer schuf die Fresken der Oberkirche von San Francesco zu Assisi und von S. Croce in Florenz?

127__ Wer schuf den berühmten Trevi-Brunnen in Rom?

128__ Wo befindet sich der Zócalo, die älteste Kathedrale in Amerika?

129__ Welche beiden indischen Flüsse bilden das größte Delta der Erde?

130__ Wo befindet sich der flächenmäßig größte Stausee?

131__ Wie heißt der höchste Turm, der zugleich das höchste freistehende Gebäude ist?

132__ Wo steht das höchste Minarett?

133__ Welcher italienische Maler stellte am liebsten Madonnen dar?

134__ Wo befindet sich die größte liegende Buddha-Statue?

135__ Wofür ist das 112 n. Chr. erbaute Pantheon in Rom berühmt?

136__ Wo werden die längsten Sanddünen der Welt gemessen?

137__ Wer komponierte die Oper „Der Rosenkavalier“?

125__ Edgar Degas.

126__ Der italienische Maler Giotto.

127__ Gian Lorenzo Bernini.

128__ Im Herzen von Mexiko-Stadt. Er stellt sowohl das alte als auch das neue Stadtzentrum dar.

129__ Ganges und Brahmaputra.

130__ In Ghana, und es handelt sich um den Volta-See.

131__ Der CN-Tower in Toronto, Kanada.

132__ In Casablanca, Marokko.

133__ Raffael.

134__ In Pegu, Myanmar. Der liegende Buddha ist 55 m lang und 16 m hoch.

135__ Es hat mit einem Durchmesser von 43,2 m die größte Kuppel des Altertums.

136__ In Zentralalgerien. Im Sandmeer Isaouane-N-Tifernine wurden Dünen mit 5 km Länge gemessen.

137__ Richard Strauss.

138__ Welcher Komponist schrieb die „Wassermusik“?

139__ Wo befindet sich der größte vulkanische Krater, der Caldera genannt wird?

140__ Woran arbeitete Mozart zum Zeitpunkt seines Todes?

141__ Wer komponierte die „Götterdämmerung“?

142__ Welche blühende Hafenstadt der Antike wurde 79 n. Chr. mit Herculaneum durch den Ausbruch des Vesuvs verschüttet?

143__ In welcher alten Stadt in einer Oase der syrischen Wüste wurden zahlreiche aramäische Inschriften gefunden?

144__ Wie heißt eine der bedeutendsten, in neun Terrassen aufsteigende buddhistische Tempelanlage auf Java?

145__ Bis zu welcher Entfernung von der Erde kann das Hubble-Weltraumteleskop Himmelskörper im All beobachten?

146__ Wo liegt die größte Höhlenkammer der Welt?

147__ Wie lang ist die längste Naturbrücke der Welt?

138__ Georg Friedrich Händel.

139__ Im Norden Sumatras (Indonesien), der Toba-See.

140__ An seinem eigenen Requiem.

141__ Richard Wagner.

142__ Pompeij.

143__ Palmyra.

144__ Borobudur.

145__ Bis zu einer Entfernung von 13 Millionen Lichtjahren.

146__ In Sarawak, Malaysia. Die Höhlenkammer Lubang Nasib Bagus ist 700 m lang, 300 m breit und über 70 m hoch. In ihr könnten mühelos 7.500 Busse Platz finden.

147__ Der Landscape Arch ist 94,5 m lang und befindet sich im Arches Nationalpark in Utah.

Die Welt der Superlative!

VOM ÖTZI BIS ZUM HÖCHSTEN WOLKENKRATZER

1____ Wie viele Berggipfel über 8.000 m Höhe und mehr hat Reinhold Messner bestiegen?

2____ Wie lange kann ein Mensch allein auf einem Floß mitten im Atlantik überleben?

3____ Wie viele Kilometer legte die junge Frau zurück, die einmal rund um die ganze Erde ging?

4____ Wie alt war der älteste Bergsteiger der Welt?

5____ Wie lange kann man es ununterbrochen auf einem Baum aushalten?

6____ Welchem Beruf ging Ötzi nach, und seit wann lag er im Eis?

1____ Er bestieg alle 14 Gipfel über 8.000 m Höhe, die es auf der Welt gibt, ohne Zuhilfenahme von Sauerstoff.

2____ Im Jahr 1942 überlebte ein Steward der britischen Handelsmarine 4 1/2 Monate allein auf einem Floß, nachdem sein Schiff torpediert worden war.

3____ Sie legte zu Fuß 31.514 km zurück.

4____ Der Japaner I. Araya erklomm am 5. August 1994 den Gipfel des Fudschijama (3.776 m) im Alter von 100 Jahren.

5____ Ein Indonesier namens Bungkas sitzt seit 1970 auf einer Palme, also seit mehr als 25 Jahren.

6____ Er war wahrscheinlich ein Jäger oder Händler, und lag seit ca. 5.300 Jahren im Eis.

7____ Wann trat der erste homo sapiens auf den Plan, und wessen „Nachfolger“ war er?

8____ In welchem Alter bekam die älteste Mutter der Welt ihr erstes Kind?

9____ Eine Fernsehsendung führte die am längsten getrennten Zwillinge der Welt zusammen. Nach wie viel Jahren sahen sie sich wieder?

10____ Wie viel lebende Nachkommen hatte der Amerikaner Samuel S. Must bei seinem Tod im Alter von 96 Jahren?

11____ Wie groß ist die umfassendste Tätowierung der Welt?

12____ Welches Volk stellte als Erstes sowohl herausnehmbare als auch fest verankerte Gebisse her?

13____ In welcher Entfernung kann man silbo, die so genannte „Pfiffsprache“ der Einwohner von Gomera noch hören?

14____ Wie lange währte der längste Schluckauf?

15____ In welchem Alter machte der jüngste Arzt der Welt sein Examen?

16____ In den Jahren 1532 bis 1533 wurde die höchste Lösegeldsumme aller Zeiten für den peruanischen Inka-Herrscher Atahualpa gezahlt. Wer stellte die Forderung?

7____ Er erschien vor ca. 300.000 Jahren in der Nachfolge des homo erectus.

8____ Im Alter von 63 Jahren.

9____ Nach 75 Jahren fand das erste Wiedersehen statt.

10___ Er hinterließ 824 lebende Nachkommen: 11 Kinder, 97 Enkel, 634 Urenkel und 82 Ururenkel.

11___ Ein Mann aus Schottland ist mit einer Tätowierung geschmückt, die 99,2 Prozent seines Körpers bedeckt.

12___ Die Etrusker.

13___ Bei idealen Witterungsbedingungen auf ca. 8 km Entfernung.

14___ 69 Jahre und 5 Monate.

15___ Mit 17 Jahren und 10 Monaten.

16___ Der spanische Eroberer Francisco Pizarro.

17___ Im Augsburger Dom befindet sich ein ganz besonderes Objekt. Was ist es?

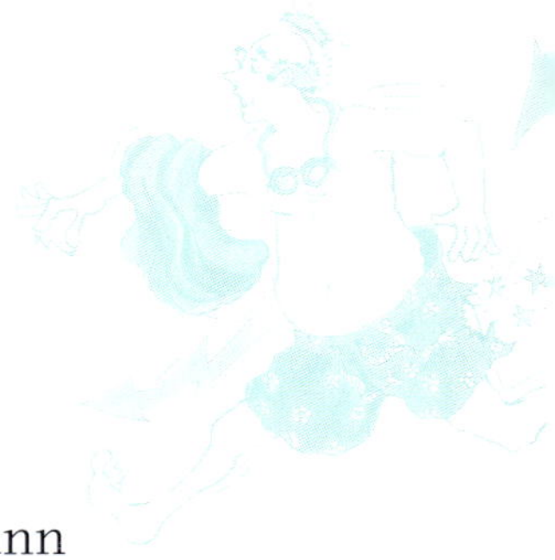

18___ Wie viele Menschen finden im größten Bierkeller der Welt Platz?

19___ Für welchen Historienfilm wurden 32.000 Kostüme benötigt?

20___ Bei welchen Olympischen Spielen gewann der legendäre Jesse Owens seine Goldmedaillen?

21___ Welcher deutsche Radrennfahrer war 1962 Sieger über acht Etappen der Tour de France?

22___ Wie heißt der erste Deutsche, der je die Tour de France gewonnen hat?

23___ Wer ist der erfolgreichste Radrennfahrer aller Zeiten?

24___ Wer gewann 1997 zum zweiten Mal das grüne Trikot des punktbesten Sprinters im Radrennen?

25___ Welcher Schwimmer gewann insgesamt die meisten olympischen Goldmedaillen?

26___ Wer hält die Weltrekorde im Freistil über 50 m und 100 m?

27___ Wer gewann die meisten Amateur-Weltmeistertitel im Surfen?

28___ Wie lange dauerte der hartnäckigste Niesanfall?

17___ Das älteste vollständige Buntglasfenster. Es stammt aus der zweiten Hälfte des 11. Jahrhunderts.

18___ Der „Mathäser" in München kann 5.500 Gäste beherbergen.

19___ Für „Quo Vadis" (USA 1951).

20___ 1936 in Berlin.

21___ Rudi Altig.

22___ Jan Ullrich.

23___ Eddy Merckx.

24___ Erik Zabel.

25___ Der Amerikaner Mark Spitz gewann 9 Goldmedaillen.

26___ Der Russe Alexander Popow.

27___ Stephan van den Berg.

28___ 978 Tage.

29___Wann und wo wurde die Triathlon-Disziplin „Ironman“ eingeführt?

30___Wer ist der beste Eishockeyspieler aller Zeiten?

31___Wer gewann als erster Deutscher 1996 den Stanley Cup im Eishockey?

32___Wer ist Rekordspieler der Eishockey-Bundesliga?

33___Welche berühmte Eiskunstläuferin gewann zehn Einzeltitel bei den Weltmeisterschaften?

34___Welche Eishockeymannschaft wurde 1997 nach 42 Jahren wieder Sieger im Stanley Cup?

35___Wer wurde 1997 jüngste Eiskunstlauf-Weltmeisterin aller Zeiten?

36___Für welchen amerikanischen Superstar war das Wembley Stadion in London 1988 sieben Nächte lang hintereinander ausverkauft?

37___Wer sind die Mitglieder der erfolgreichsten Popgruppe aller Zeiten?

38___Wie hieß der jüngste Schachweltmeister aller Zeiten?

39___Welche Muskeln sind sowohl beim Menschen als auch bei Tieren am aktivsten?

40___Was wird als das größte Raubtier angesehen?

29___1978 auf Hawaii.

30___Wayne Gretzky aus Kanada,
der mit 122 Toren Rekordhalter ist.

31___ Uwe Krupp.

32___ Udo Kießling.

33___ Sonia Henie.

34___ Die Detroit Red Wings.

35___ Tara Lipinski (USA) mit 14 Jahren.

36___ Michael Jackson.

37___ John Lennon, Paul McCartney,
George Harrison und Ringo Starr.

38___ Jurii Kasparow, der mit 22 Jahren im Jahr 1985
den Titel gewann.

39___ Die Augenmuskeln. Sie bewegen sich
am Tag mehr als 100.000 mal.

40___ Der Polarbär.

41___ Welche Blutgruppe kommt am häufigsten vor?

42___ Welchen Namen hat die längste Arterie?

43___ Wo befinden sich die kleinsten Zellen
im menschlichen Körper?

44___ Welche Zellen haben
die längste Lebensdauer?

45___ Wie heißen die am häufigsten vorkommenden
Körperzellen, und welche Funktion haben sie?

46___ Wie heißen die schläfrigsten Tiere der Welt?

47___ Welches Säugetier ist über
den längsten Zeitraum trächtig?

48___ Welche Nationalmannschaft vertritt
ihr Land am erfolgreichsten beim Angeln?

49___ Wie viel Gräber schaufelte der fleißigste
Totengräber der Welt?

50___ Wie viele Verstöße gegen die Straßenverkehrs-
ordnung sind innerhalb von 20 Minuten möglich?

51___ Wo befindet sich die kürzeste Straße der Welt?

52___ Auf welchen europäischen Staatsmann wurden
innerhalb der Zeitspanne von 1956 bis 1969
die meisten missglückten Attentatsversuche verübt?

41___ Mit 46 % weltweit überwiegt die Blutgruppe O.

42___Aorta.

43___ Im Kleinhirn.

44___Die Gehirnzellen. Sie werden mehr als dreimal so alt wie Knochenzellen mit 22–30 Jahren Lebensdauer.

45___ Rote Blutkörperchen.
Sie dienen dem Sauerstofftransport.

46___Armadillos, Opossums und Faultiere.

47___ Der Asiatische Elefant
mit über 20 Monaten.

48___Die französische Nationalmannschaft.

49___Johann Heinrich Karl Thieme aus Aldenburg grub in 50 Arbeitsjahren 23.111 Gräber.

50___Ein 75-jähriger Fahrer soll in diesem Zeitraum zehn Strafzettel erhalten, viermal Fahrerflucht begangen und sechs Unfälle verursacht haben.

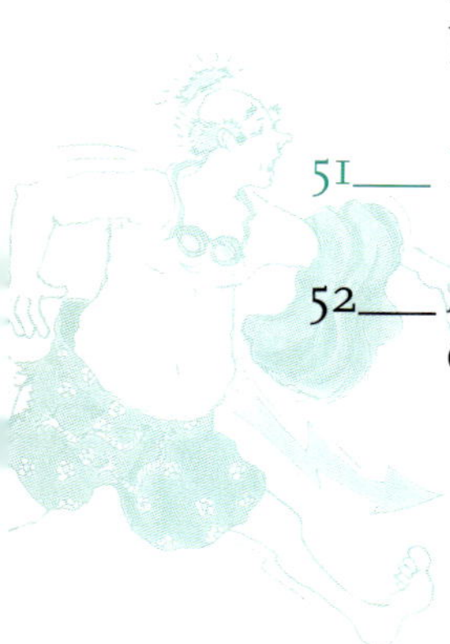

51___ In England. Sie ist nur 5,18 m lang.

52___Auf den französischen Staatsmann
Charles de Gaulle (1890–1970).

53___ Welche Weltsprache verfügt über die meisten unregelmäßigen Verben?

54___ In welcher Rekordzeit gelangte man in einem Katamaran rund um die Welt?

55___ Welches ist das längste deutsche Wort?

56___ Kambodschanische Schulkinder haben es schwer – wie viele Buchstaben hat ihr Alphabet?

57___ Welcher Name einer Weltstadt wird häufig auf 3,63 % seiner ursprünglichen Länge abgekürzt?

58___ Was ist wohl der am meisten vorkommende Familienname in der englischsprachigen Welt?

59___ Von welchem Buch wurden bis zum Jahre 1975 2,5 Billionen Exemplare verkauft?

60___ Im Jahr 1992 wurde eine Gerichtsverhandlung in Amerika vor Milliarden Zuschauern live übertragen. Wie hieß der Angeklagte, ein berühmter Footballspieler?

61___ In welchem Jahr wurde das älteste Testament der Welt in eine Grabwand gemeißelt?

62___ Welches ist das wertvollste Gemälde aller Zeiten?

63___ Wer ist der erfolgreichste Filmregisseur der Welt?

53___ Die englische Sprache hat
283 unregelmäßige Verben.

54___ In 74 Tagen nonstop
im Jahr 1994.

55___ Donaudampfschifffahrtselektrizitätshaupt-
betriebswerkbauunterbeamtengesellschaft.

56___ 74.

57___ Der volle Name von L. A., nämlich El Pueblo
de Nuestra Senora la Reina de los Angeles
de Porciuncula.

58___ Smith.

59___ Von der Bibel.

60___ O. J. Simpson.

61___ Im Jahr 2061 v. Chr.

62___ Die „Mona Lisa“ (La Gioconda)
von Leonardo da Vinci.

63___ Steven Spielberg.

64___Wie heißt der kleinste Stadtstaat
der Welt?

65___Welcher amerikanische Staat
hat die meisten Einwohner?

66___Welche Weltstadt hat
die größte Einwohnerzahl?

67___Welches war bis zum Jahr 1951
die am höchsten gelegene Hauptstadt der Welt?

68___Wie heißt die am nördlichsten
gelegene Hauptstadt der Welt?

69___Welche Nation gibt für ihre Urlaubsreisen
das meiste Geld aus?

70___In welchem Land gibt es
die höchste Scheidungsrate?

71___ Wer ist der am längsten regierende Monarch
unserer Zeit?

72___Der älteste Monarch der Welt, König Taufa'ahau,
ist zugleich auch der gewichtigste.
Wie heißt sein Reich?

73___ Wie hieß der US-Präsident, der erst
mit 69 Jahren ins Amt gewählt wurde?

74___Wie lange dauerte der längste ohne Unterbrechung
geführte Krieg der Weltgeschichte?

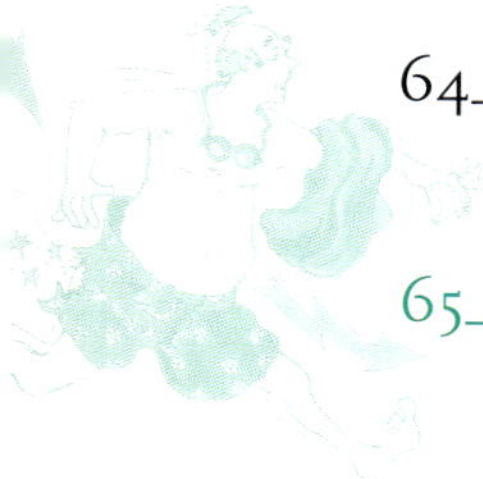

64___In der Kurzform Vatikan,
eigentlich Stato della Città del Vaticano.

65___Kalifornien.

66___Die japanische Hauptstadt Tokio
mit 26.500.000 Einwohnern im Jahr 1994.

67___Lhasa, ehemalige Hauptstadt von Tibet,
liegt 3.600 m hoch.

68___Reykjavik auf Island.

69___Die Deutschen.

70___In den USA.

71___ Der König von Thailand,
Bhumibol Adulyadej (Rama IX) regiert seit 1946.

72___Tonga, eine Südseeinsel.

73___ Ronald Reagan.

74___30 Jahre lang, 1618 bis 1648, der so genannte „Dreißigjährige Krieg“ zwischen verschiedenen europäischen Ländern.

75___ Wie hieß die Frau, die 15 Jahre lang Premierministerin Indiens war?

76___ In welchem Jahr fand die größte Invasion der Militärgeschichte statt?

77___ Zu Ehren welcher Gottheit sind die meisten Statuen errichtet worden?

78___ Wie heißt das berühmteste europäische Radrennen?

79___ Welches Lied ist auf der meistverkauften Platte der Welt zu hören?

80___ Welches Album von Michael Jackson brachte ihm den größten finanziellen Erfolg?

81___ Gibt es mehr als 500 Cover-Versionen des Beatles-Songs „Yesterday“?

82___ In welchem Film ist der bisher erfolgreichste Filmhit zu hören?

83___ Wie heißt der größte Zirkus der Welt, der gelegentlich ohne Tiere arbeitet?

84___ Wo befindet sich das größte Amphitheater der Welt?

85___ Wie heißt das längste Theaterstück, das Shakespeare geschrieben hat?

86___ Welchen Titel hat die teuerste Produktion in der Filmgeschichte?

75___ Indira Gandhi.

76___ Im Jahr 1944. Es war die Landung der Alliierten an der normannischen Küste.

77___ Zu Ehren Buddhas, des Stifters des Buddhismus.

78___ „Tour de France“.

79___ „White Christmas“, gesungen von Bing Crosby.

80___ „Thriller“. Über 24 Millionen Exemplare wurden bis heute verkauft.

81___ Ja, es gibt sogar mehr als 3.000.

82___ In „Saturday Night Fever“.

83___ „Cirque du Soleil“, der mit 61 Artisten arbeitet.

84___ In der italienischen Hauptstadt Rom befindet sich das Colosseum.

85___ „Hamlet“, mit 4.042 Zeilen bzw. 29.551 Wörtern.

86___ „Waterworld“ (USA 1955) mit 175 Millionen US $.

87___Welcher Film spielte bereits 6 1/2 Tage nach seinem Erscheinen über 100 Millionen US-Dollar ein?

88___In welcher Stadt befindet sich der größte Filmstudio-Komplex der Welt?

89___Wie oft wurde der Amerikaner Roy C. Sullivan vom Blitz getroffen?

90___Welche Nachttiere haben die feinsten Ohren?

91___Welches Landtier macht den am weitesten hörbaren Lärm?

92___Wie heißt der kleinste Vogel der Welt?

93___Wie viel Wörter beherrschte wohl der geschwätzigste Papagei der Welt?

94___In Israel wurde das größte Vogelei der Welt gelegt. Von welchem Vogel?

95___Welche Vögel bauen die kleinsten Nester?

96___Welche Länge können Krokodile erreichen?

97___In welchem Alter verstarb die älteste Schildkröte der Welt durch einen Unfall?

98___Am Polarkreis findet man vereinzelt noch die größte Katze der Welt. Wie heißt sie, und welche Länge kann ein ausgewachsenes Exemplar erreichen?

87___„Independence Day“
(USA 1997).

88___In Universal City, Los Angeles,
im Staat Kalifornien.

89___Insgesamt siebenmal.

90___Die Fledermäuse.

91___Der männliche Brüllaffe, den man bis in einer Entfernung von 2 km noch deutlich hören kann.

92___Kolibri.

93___Über 800 Wörter. Prudle, ein weiblicher Graupapagei, gewann 12 Jahre hintereinander den Titel „Bester sprechender Vogel“ in London.

94___Von einem Vogel Strauß.

95___Zwei Kolibriarten.
Ihre Nester sind walnuss- bzw. fingerhutgroß.

96___Über sieben Meter.

97___Im Alter von mehr als 152 Jahren.

98___Der Sibirische Tiger kann vom Kopf
bis zum Schwanz über drei Meter messen.

99__Welches ist das größte Tier der Welt?

100__Welches ist das schnellste Landtier der Welt?

101__ Wie schwer wird das größte Nagetier der Erde?

102__Welcher Baum kann im Innern seines Stammes bis zu 120.000 l Wasser speichern?

103__ Die malaysische Gespenstheuschrecke legt die größten Insekteneier. Welche Länge erreichen sie?

104__Welcher Planet unseres Sonnensystems ist der hellste und heißeste?

105__ Welchen Durchmesser hat der größte Mondkrater?

106__Welches ist der heißeste Punkt der Erde?

107__Welcher Ozean ist am tiefsten?

108__Wie schwer kann die größte Muschel der Welt – die Mördermuschel – werden?

109__Welcher Fisch gilt als der schnellste in den Weltmeeren?

110__ Wie heißt die größte Robbenart der Welt?

111__ Welches Tier hält den ausgedehntesten Winterschlaf?

99___Der Blauwal.

100__Der Gepard, allerdings nur auf kurzen Strecken.

101__ Das Wasserschwein wird bis zu 100 kg schwer.

102__Der Affenbrotbaum.

103__ Sie werden bis zu 1,3 cm lang.

104__Die Venus mit einer Oberflächentemperatur von 462 Grad Celsius.

105__ Der „Mare Orientale“ genannte Krater, der sich auf der abgewandten Seite des Mondes befindet, misst im Durchmesser 965 km.

106__Der Erdmittelpunkt.

107__ Der Pazifik, mit der mittlere Tiefe von ca. 4.000 m.

108__Bis zu 300 kg.

109__Der Schwertfisch, der bis zu 90 km/h erreichen kann.

110__Südlicher See-Elefant.

111__ Eine Eichhörnchenart in Alaska verschläft neun Monate.

112__ Welches Tier kann im Verhältnis
zu seiner Körpergröße am höchsten springen?

113__ Die Polarweide ist winzig, und trotzdem
ist sie ein Baum. Welche Höhe erreicht sie?

114__ Wie heißt die größte Hirschart,
die in unseren Wäldern heimisch ist?

115__ Bei welchem Vogel übertrifft die Schnabellänge
die des ganzen Körpers?

116__ Wie heißt der seltenste Bär der Welt?

117__ Welches ist der größte und
zugleich klügste Rabenvogel?

118__ Wer war der erste Mensch im Weltraum?

119__ Wer bestieg 1953 erstmals den Mount Everest?

120__ Welche Flugtiere haben die schärfsten Augen?

121__ Wie hieß die erste deutsche Ministerpräsidentin?

122__ Wann gelang der „Apollo 11“
die erste Mondlandung?

123__ Welche Bäume werden am höchsten?

124__ Wie heißt die gefährlichste Bewohnerin
der nordamerikanischen Wüsten?

125__ Wo wächst der Riesensäulenkaktus Saguaro?

112_ Der Floh.

113_ Sie wird nur bis zu 3 cm hoch.

114_ Der Rothirsch.

115_ Bei einer Kolibriart,
deren Schnabellänge 10,2 cm beträgt.

116_ Der Panda.

117_ Es ist der Kolkrabe,
der bis zu 64 cm lang wird.

118_ Der Russe Juri Gagarin.

119_ Sir Edmund Hillary und Tenzing Norgay.

120_ Die Greifvögel.

121_ Heide Simonis.

122_ Am 20. Juli 1969.

123_ Eukalyptusbäume können über 130 m hoch werden.

124_ Klapperschlange.

125_ Im Bundesstaat Arizona in den USA.

126_ Wie heißt die größte
Wüste Südamerikas?

127_ In welchem amerikanischen Nationalpark
sprudeln die meisten Geysire?

128_ Wie heißt der höchste Gipfel
des Bayerischen Waldes?

129_ Wie heißt der tiefste Canyon der USA?

130_ Welcher Fluss führt beinahe ein Fünftel
des gesamten Flusswassers der Erde?

131_ Wie heißen die drei größten Flüsse Deutschlands?

132_ Wie oft gewann Martina Navratilowa
in Wimbledon im Einzel?

133_ Wo befinden sich die artenreichsten
Lebensräume der Welt?

134_ Wie heißt die größte Insel Asiens?

135_ In Rom befinden sich zwei der größten
Grabanlagen der Welt. Wie heißen sie?

136_ Wie heißt die größte Insel Europas?

137_ Was war bis zum Jahr 1989
die größte Kirche der Welt?

138_ Auf welchem Kontinent
gibt es die meisten Einzelstaaten?

126__ Die Atacama-Wüste, die sich über eine Fläche von über 400.000 Quadratkilometern erstreckt.

127__ Im Yellowstone-Nationalpark.

128__ Großer Arber (1.456 m).

129__ Grand Canyon, mit einer Tiefe von 1.800 m.

130__ Der Amazonas.

131__ Donau, Rhein und Elbe.

132__ Neunmal.

133__ In den tropischen Regenwäldern.

134__ Borneo.

135__ Engelsburg und Peterskirche.

136__ Großbritannien.

137__ Die Peterskirche.

138__ In Afrika gibt es 53 Staaten.

139__ Welcher Kontinent „besitzt“ überhaupt keinen Staat?

140__ Welcher ist – nach Russland –
der bevölkerungsreichste Staat Europas?

141__ In welchem Land der Erde sterben
die meisten Menschen an Schlangenbissen?

142__ Wie heißt der größte Frosch?

143__ Sind Schlangen die einzigen Tiere,
die sich mit einem tödlichen Gift
zur Wehr setzen?

144__ Welche Pflanze wächst am schnellsten?

145__ Welcher Boxer blieb seine gesamte
achtjährige Laufbahn hindurch ungeschlagen?

146__ Wie hieß der älteste Schwergewichtschampion
aller Zeiten?

147__ Wann wurde der erste Golfclub der Welt gegründet?

148__ Seit wann existiert die jüngste Insel der Welt?

149__ Welches der beiden New Yorker Gebäude ist höher,
das Empire State Building oder das World
Trade Center?

139__ Die Antarktis.

140__ Deutschland,
mit 80,86 Millionen Einwohnern.

141__ In Sri Lanka.

142__ Goliath-Frosch. Er kommt in Kamerun und Guinea vor und kann mit ausgestreckten Beinen mehr als 85 cm lang werden.

143__ Nein. Bestimmte Froscharten, wie z. B. der bunte Baumsteigerfrosch, sondern ebenfalls ein tödliches Gift ab.

144__ Der Bambus.

145__ Der Amerikaner Rocky Marciano.

146__ George Foreman, ein Amerikaner, gewann im Jahr 1994 den Weltmeistertitel im Schwergewicht – im Alter von 45 Jahren!

147__ Im Jahr 1735 in Schottland.

148__ Seit 1995 gibt es eine bislang noch unbenannte Insel in der Ha'apai-Gruppe, die ihre Entstehung unterseeischen Vulkanaktivitäten verdankt.

149__ Das World Trade Center mit 417 m ist 36 m höher als das Empire State Building.

150__ Wann wurde der erste „Wolkenkratzer“ fertig gestellt?

151__ Wo befindet sich der augenblicklich höchste Wolkenkratzer der Welt?

152__ Welche ist die größte gotische Kirche im deutschsprachigen Raum?

153__ Wie heißt die am meisten befahrene der 150 Wasserstraßen Venedigs?

154__ Wie heißt die größte Stadt des afrikanischen Kontinents?

155__ Ist der berühmteste schiefe Turm gleichzeitig auch der höchste?

156__ Wie heißen die drei Städte Deutschlands mit der höchsten Einwohnerzahl?

157__ Wo steht die höchste Kathredrale der Welt?

158__ Welches ist das größte religiöse Bauwerk der Welt?

159__ In welchem Land ist der Steuersatz am höchsten?

160__ Welche sind die bedeutendsten Pilgerstätten des Islam?

161__ Welcher Kaiserpalast enthielt angeblich 999 Räume?

150__ Im Jahr 1902.

151__ In Kuala Lumpur, Malaysia.
Die Petronas Towers sind 451 m hoch.

152__ Der Kölner Dom.

153__ Canale Grande.

154__ Es handelt sich um Ägyptens Hauptstadt Kairo, die 6.849.000 Einwohner hat.

155__ Nein. Ein mit berechneter Neigung erbauter Turm in Montreal ist mit 175 m beinahe dreimal so hoch wie sein berühmtes Vorbild in Pisa.

156__ Berlin, Hamburg und München.

157__ In Ulm, und es handelt sich um das Ulmer Münster.

158__ Der Tempel des Vishnu in Angkor.

159__ In Norwegen – stolze 65 %.

160__Mekka und Medina.

161__ Der Kaiserpalast in Beijing.

162__ Wie heißt das berühmteste Komikerduo der Filmgeschichte?

163__ Welche Sprache wird auf der Welt am häufigsten gesprochen?

164__ Wie heißt der größte Nebenfluss des Amazonas?

165__ Wie heißt der größte Hochlandsee der Erde?

166__ Wo befindet sich der tiefste Canyon Europas?

167__ Welche Höchsttemperaturen werden im „Tal des Todes“ gemessen, das als einer der heißesten Orte der Welt gilt?

168__ Welchen Namen trägt der höchste tätige Vulkan Europas?

169__ Welches ist das zweitgrößte Gebirge Europas?

170__ Welche Landschaftsformen haben die extremsten Temperaturunterschiede zwischen Tag und Nacht?

171__ Welchen Namen hat die einzige im Wald lebende Giraffe der Welt?

172__ Wie schwer ist ein Ei des kleinsten Vogels der Welt?

173__ Wie viele Tage brauchte ein englisches Pärchen, um Australien zu durchqueren und so 4.444 km zurückzulegen?

162__ Stan Laurel
und Oliver Hardy.

163__ Chinesisch.

164__ Rio Negro.

165__ Titicacasee. Er liegt 3.812 m hoch
im Andenland Südamerikas.

166__ In Frankreich.
Der Grand Canyon du Verdon ist 700 m tief.

167__ 56 Grad Celsius.

168__ Ätna (3.350 m).

169__ Die Sierra Nevada.

170__ In den Wüstengebieten kann
der Unterschied 40–50 Grad Celsius betragen.

171__ Okapi.

172__ Das Ei eines Kolibris wird bis zu 0,25 g schwer.

173__ 77 Tage.

174__ Seit wann existieren
die ältesten Regenwälder Malaysias?

175__ Wie heißen die größten und vermutlich
auch ältesten Pflanzen der Welt?

176__ Wo steht der größte
lebende Baum?

177__ Wie heißt der einzige Vogel der Welt,
der riechen kann?

178__ Welcher Vogel
legt die meisten Eier?

179__ Welches Säugetier hat
die längste Haarpracht?

180__ Welches ist das ärmste Land Europas?

181__ Am 4. August 1997 starb als älteste Frau der Welt
die Französin Jeanne Calment. Wie alt wurde sie?

182__ Welches ist das reichste Land der Erde?

183__ Welcher ist der hellste Stern, den man
mit dem bloßen Auge sehen kann?

184__ Welches Buch wurde in mehr
als 3.000 Sprachen übersetzt?

185__ Welches ist das meistverwendete Wort
in der englischen Sprache?

174__ Seit 100 Millionen Jahren.

175__ Sequoia- oder Redwoodbäume.

176__ Im Montgomery State Reserve in Kalifornien. Es handelt sich um eine 112 m hohe Sequoie.

177__ Der Kiwi, das Wappentier Neuseelands.

178__ Das Rebhuhn. Es kann 17–22 Eier auf einmal legen.

179__ Der Moschusochse. Sein Deckhaar wird über einen Meter lang.

180__ Albanien.

181__ 122 Jahre alt.

182__ Liechtenstein.

183__ Sirius, der so genannte „Hundsstern" im Sternbild „Großer Hund".

184__ Die Bibel.

185__ Das Wort „the", das „der, die, das" bedeutet.

Politik und Wirtschaft

VON NELSON MANDELA BIS ZUM AKTIENKURS

1 ____ Wie nennt man die unverletzlichen und unveräußerlichen Rechte und Freiheiten eines Menschen?

2 ____ Auf welches Ereignis gehen die Menschenrechte zurück?

3 ____ Was beschlossen die Vereinten Nationen im Jahre 1948?

4 ____ „Die Würde des Menschen ist unantastbar“, steht im Artikel 1 des Grundgesetzes. Wie werden die Artikel 1–19 genannt?

5 ____ Kann ein Grundrecht eigentlich geändert werden?

6 ____ Deutschland ist eine Bundesrepublik. Was meint dieser Begriff?

1____ Diese Rechte, z. B. Freiheit oder Gleichheit, nennt man die Menschenrechte.

2____Auf die „Erklärung der Menschen- und Bürgerrechte“ der Französischen Revolution vom 26.8.1789.

3____ Die „Internationale Charta für Menschenrechte“.

4____Diese Artikel stellen die Grundrechte dar.

5____ Nein, die Grundrechte sind unantastbar.

6____Der Bund ist als der Zentralstaat zu verstehen, dem die einzelnen Länder unterstellt sind.

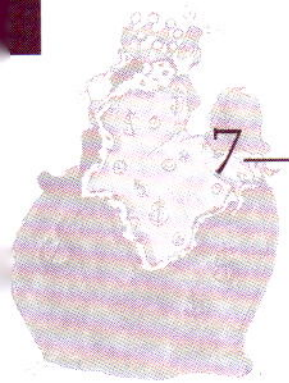

7____ Wie nennt man die politische Zusammenfassung mehr oder weniger selbstständiger Staaten, Regionen oder Ländern in einem übergeordneten Ganzen?

8____ In welchem Land der Erde wurde der Begriff Demokratie geprägt?

9____ Die frühere UdSSR war ein Zentralstaat. Was bedeutete das?

10____ Was zeichnet einen souveränen Staat aus?

11____ In der BRD herrscht Gewaltenteilung. Warum?

12____ Welche drei Gewalten kennt die BRD?

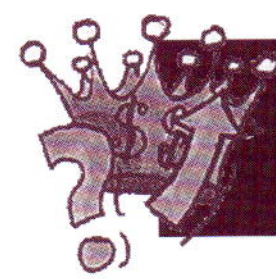

13____ Derzeit ist Roman Herzog Bundespräsident. Was ist seine Aufgabe?

14____ Wer war der erste Bundespräsident?

15____ Welches Amt hatte Otto von Bismarck 1871 zum ersten Mal inne?

16____ Wo hat das Bundesverfassungsgericht seinen Sitz?

17____ Welches Amt üben Menschen aus, hinter deren Namen die Abkürzung MdB steht?

7____ Dieser Zusammenschluss wird
als Föderalismus bezeichnet.

8____ Im antiken Griechenland,
im Stadtstaat Athen.

9____ Eine oberste Stelle entschied eine Angelegenheit
bis ins kleinste Detail, die Behörden übernahmen
den Vollzug ohne eigene Einflussmöglichkeit.

10____ Er hat die oberste Herrschaftsgewalt im Innern
und ist unabhängig nach außen.

11____ Damit nicht alle Gewalt im Staat in der Hand
einer Person oder Personengruppe liegt.

12____ Die gesetzgebende Gewalt (Legislative),
die vollziehende Gewalt (Exekutive) und
die richterliche Gewalt (Judikative).

13____ Der Bundespräsident soll die BRD
als Staatsoberhaupt nach außen repräsentieren.

14____ Theodor Heuss.

15____ Das Amt des deutschen Kanzlers.

16____ In Karlsruhe. Damit unterstreicht es
seine Unabhängigkeit von Bonn bzw. Berlin.

17____ Sie sind Mitglied des Bundestags.

18___ Was bedeutet das griechische Wort „Demokratie“?

19___ Wann trat das Grundgesetz in Kraft?

20___ Wie hieß der 73-jährige Mann, der zum ersten Kanzler der BRD gewählt wurde?

21___ Was geschah am 7. September 1949?

22___ Welcher Artikel des Grundgesetzes befasst sich mit der Menschenwürde?

23___ Wie viel Prozent der Wählerstimmen muss eine Partei erreichen, um in den Bundestag einziehen zu können?

24___ Wer wählt eigentlich den Bundespräsidenten?

25___ Nach der Wiedervereinigung kamen fünf neue Bundesländer hinzu. Welche?

26___ Parlamentarier sind immun. Was ist damit gemeint?

27___ Was ist der Unterschied zwischen einer Diät und Diäten?

28___ Was beginnt mit den Worten: „Einigkeit und Recht und Freiheit ...“?

29___ Wie wurde die oberste Volksvertretung der ehemaligen DDR genannt?

18___ Es bedeutet „Herrschaft des Volkes“.

19___ Am 25. Mai 1949.

20___ Konrad Adenauer.

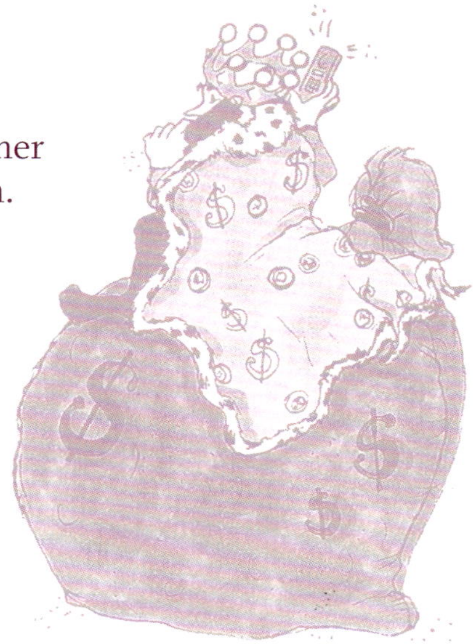

21___ Der Bundestag trat zu seiner ersten Sitzung zusammen.

22___ Der Artikel 1.

23___ Mindestens fünf Prozent.

24___ Die Bundesversammlung.

25___ Brandenburg, Mecklenburg-Vorpommern, Sachsen, Sachsen-Anhalt und Thüringen.

26___ Die Unabhängigkeit der Abgeordneten wird gesichert.

27___ Unter Diäten versteht man die finanzielle Aufwandsentschädigung der Abgeordneten.

28___ Die deutsche Nationalhymne.

29___ Die Volkskammer.

30___Wer war Otto Grotewohl?

31___ Welche Organisation war der Vorläufer der UNO?

32___ Der Bundespräsident hat zwei Amtssitze. Wie heißen diese Residenzen?

33___ Wie lautete der frühere Name der EG?

34___ Wer wurde 1966 als Nachfolger Willy Brandts regierender Bürgermeister von Berlin?

35___ Wer war David Ben Gurion?

36___ Wie wird die Vormachtstellung eines Staates noch genannt?

37___ Auf der amerikanischen Flagge sind nicht weniger als 13 Sterne zu sehen. Was symbolisieren sie?

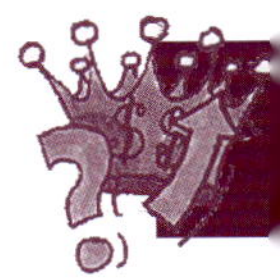

38___ „Kongress" hat in den USA eine ganz besondere Bedeutung. Welche?

39___ Wurde Bill Clinton, der amtierende Präsident der USA, vom Volk gewählt?

40___ Wann trat die Bundesrepublik Deutschland der NATO bei?

41___ Wer wählt den Kanzler?

42___ Was demonstriert das Bundesverfassungsgericht durch seinen Amtssitz in Karlsruhe?

30___Der erste Regierungschef der ehemaligen DDR.

31___ Der Völkerbund.

32___Das Schloss Bellevue in Berlin und
die Villa Hammerschmidt in Bonn.

33___ Die EWG, die Europäische Wirtschaftsgemeinschaft.

34___Heinrich Albertz.

35___ Der erste Ministerpräsident Israels.

36___Hegemonie.

37___ Die 13 Gründerstaaten
der Vereinigten Staaten.

38___Der Kongress ist
die gesetzgebende Körperschaft.

39___Nein, von 538 Wahlmännern,
die das Volk repräsentieren.

40___Am 5. Mai 1955.

41___ Der Bundestag, der wiederum als einziges Organ
vom Volk direkt gewählt wird.

42___Seine Unabhängigkeit.

43 Wer entscheidet über den Bundeshaushalt?

44 Adenauer wurde mit knapper Mehrheit gewählt. Wie lange war er Kanzler?

45 Mit welchem Namen ist das Wirtschaftswunder untrennbar verbunden?

46 Kann man mit 30 Jahren Bundespräsident werden?

47 Was sind die Aufgaben des Kanzlers?

48 Wann wurde der Kriegszustand mit Deutschland offiziell beendet?

49 Was wurde am 5. Mai 1955 offiziell aufgehoben?

50 Ludwig XIV. war ein absolutistischer Herrscher. Was ist damit gemeint?

51 Herrschen in der Staatsform der Oligarchie viele oder wenige Menschen?

52 Was sind die erklärten Ziele der UNO?

53 Wer wurde der erste schwarze Präsident Südafrikas?

54 Welche Funktion hat der Palästinenser Yassir Arafat?

43___Der Bundestag.

44___Von 1949 bis 1963.

45___Mit dem Kanzler Ludwig Ehrhardt.

46___Nein, man muss mindestens 40 Jahre alt sein.

47___Die Richtlinien der Politik festzulegen, die Leitung der Regierungsgeschäfte zu übernehmen und dem Bundespräsidenten die Ernennung und Entlassung von Ministern vorzuschlagen.

48___Bei den drei Westmächten am 9. Juli 1951, bei der Sowjetunion am 27. Februar 1955.

49___Die Besatzung Deutschlands.

50___Wenn ein Monarch die uneingeschränkte Gewalt im Staat ausübt.

51___ Nur wenige Personen oder Körperschaften verfügen über die Macht im Staat.

52___ Die Aufrechterhaltung des Friedens und der internationalen Sicherheit.

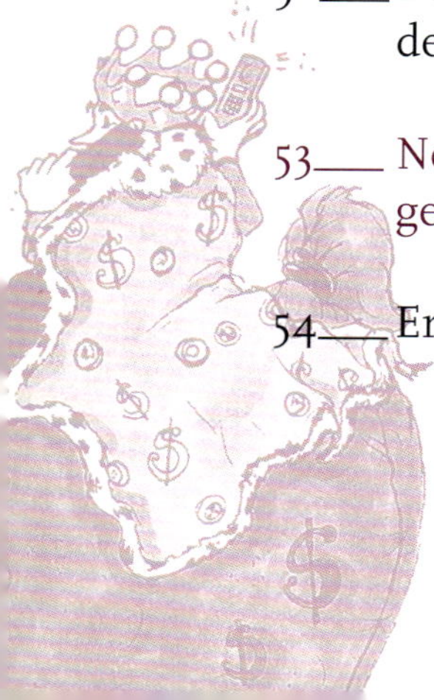

53___ Nelson Mandela, der für seinen Kampf gegen die Apartheid viele Jahre im Gefängnis war.

54___Er ist der Führer der PLO.

55___ An welches schreckliche Ereignis erinnert der Name Tschernobyl?

56___ Boutros-Boutros Ghali übte ein sehr hohes Amt aus. Welches?

57___ Welches Land gewann den Sechstagekrieg?

58___ Welcher hohe israelitische Politiker wurde 1995 von einem orthodoxen jüdischen Fundamentalisten getötet?

59___ Welche Stadt wurde zwischen Ost- und Westdeutschland aufgeteilt?

60___ Wann fiel die Mauer in Berlin?

61___ Aus welchem asiatischen Land zogen sich die Sowjets nach einem zehnjährigen Guerillakrieg 1989 zurück?

62___ Wer war der letzte weiße Präsident Südafrikas?

63___ Der Anführer welcher nationalen Gruppe war Milósevic während des Balkankrieges?

64___ Wen erschoss Lee Harvey Oswald?

65___ Wie hieß der Skandal, der die Amtszeit von Richard Nixon beendete?

66___ Wann fand der Golfkrieg statt?

67___ Wie hieß Indira Gandhis Vater?

55___An den bisher schwersten nuklearen GAU.

56___Er war der Vorsitzende
der Vereinten Nationen.

57___Israel.

58___Der Premier Yitzhak Rabin.

59___Die Stadt Berlin nach dem 2. Weltkrieg
bis zur Wiedervereinigung.

60___Am 9. November 1989.

61___Aus Afghanistan.

62___Frederic Willem de Klerk.

63___Der Serben.

64___Den amerikanischen Präsidenten John F. Kennedy.

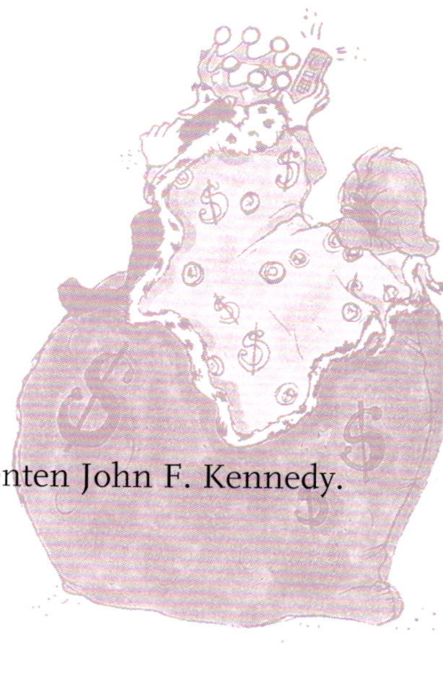

65___Der Watergate-Skandal.

66___Im Jahre 1991.

67___Jawaharlal Nehru.

68___Wie heißt die irische Untergrundorganisation, die für viele Attentate und Bombenanschläge verantwortlich zeichnet?

69___Wann bestieg die Queen Elizabeth II. von England ihren Thron?

70___Im Jahre 1949 wurde die Volksrepublik China gegründet. Von wem?

71___Welches Land regiert König Hussein?

72___Welcher Politiker war verantwortlich für die umwälzende politische Entwicklung im gesamten Ostblock?

73___Wer war der erste Kanzler des wiedervereinigten Deutschland?

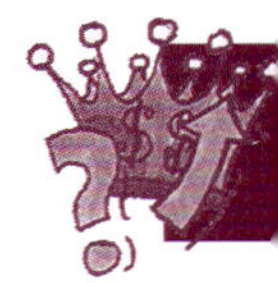

74___Was war der Auslöser für den Golfkrieg?

75___Kann ein Bundestagsabgeordneter strafrechtlich verfolgt werden?

76___Wann wurde der so genannte „Heiße Draht“ zwischen Moskau und Washington eingerichtet?

77___Wie lange bestand die Weimarer Republik?

78___Was ist der DGB?

79___Die Japaner verehren ihren Tenno sehr. Was bedeutet dieses Wort?

68___Die IRA.

69___Im Jahre 1952.

70___Von Mao-Tse-Tung.

71___ Jordanien.

72___Der damalige sowjetische Präsident
Michail Gorbatschow.

73___ Helmut Kohl.

74___Irakische Truppen fielen in Kuwait ein.

75___ Zunächst nicht, erst wenn seine Immunität
aufgehoben wurde.

76___Im Jahre 1963.

77___Von 1919–1933.

78___Der Deutsche Gewerkschaftsbund, die
Dachorganisation der deutschen Gewerkschaften.

79___Tenno ist der Titel des japanischen Kaisers.

80___Was beinhaltet der Commonwealth?

81___Wer war Golda Meir?

82___Wann wurde Israel ein unabhängiger Staat?

83___Welche größte internationale Umweltschutzorganisation hat ihren Sitz in Amsterdam?

84___Wen erschoss John Wilkes Booth bei einer Theatervorstellung?

85___Welcher deutsche Politiker erhielt nach dem 2. Weltkrieg den Friedensnobelpreis?

86___Wer war der erste Staatsgast der neu gegründeten BRD?

87___Welche Frau war die erste Bundespräsidentin Deutschlands?

88___Wer war Roms erster Kaiser?

89___Was meint ein Brite, wenn er vom House of Lords spricht?

90___Wie wird der Amtssitz des amerikanischen Präsidenten in Washington genannt?

91___Die Rentenanpassung wird viel diskutiert. Was bedeutet sie?

92___Was sagte John F. Kennedy anlässlich seines Berliner Besuchs?

80___Die Staaten des früheren British Empire.

81___Die erste weibliche Ministerpräsidentin Israels.

82___Im Jahre 1948.

83___Die Organisation Greenpeace.

84___Abraham Lincoln.

85___Willy Brandt für seinen Einsatz zur
Verbesserung der Ost-West-Beziehungen.

86___Der Kaiser Haile Selassie
von Äthiopien.

87___Annemarie Renger.

88___Augustus (Octavianus), der Adoptivsohn Cäsars.

89___Das englische Oberhaus,
ein Teil des Parlaments.

90___Das Weiße Haus.

91___Die Renten werden der Entwicklung
der Löhne und Gehälter angepasst.

92___In seiner Rede kam das berühmte:
„Ich bin ein Berliner“ vor.

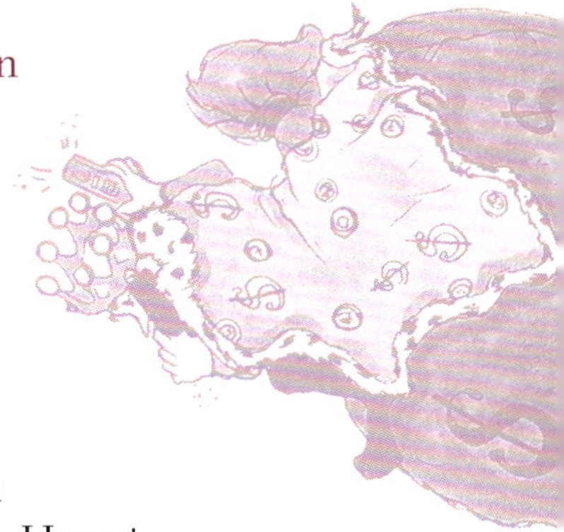

93___Welche beiden Inseln beherbergten den verbannten Napoleon?

94___Welcher amerikanische Präsident besuchte als Erster die BRD?

95___Wer war Friedrich Ebert?

96___In welcher Stadt fanden nach dem 2. Weltkrieg die Prozesse gegen die Hauptkriegsverbrecher statt?

97___Was ist eine Fraktion?

98___Wie nennt man die Verpflichtung zu einheitlicher Stimmabgabe von Abgeordneten gleicher Parteien?

99___Unter welchem Namen kannte die Welt den Inselstaat Sri Lanka bis 1972?

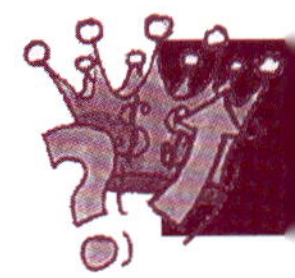

100___Wie hieß der letzte Schah von Persien vor der Revolution?

101___Wer herrschte nach der Revolution im Iran?

102___Was ist unter Nationalismus zu verstehen?

103___Wann gründeten die Staaten des Ostblocks den Warschauer Pakt?

104___Welches ist das kleinste Bundesland der BRD?

93___Elba und St. Helena.

94___Dwight D. Eisenhower.

95___Der erste Reichspräsident der Weimarer Republik.

96___In Nürnberg, es waren
die so genannten
Nürnberger Prozesse.

97___Die Verbindung von Abgeordneten
gleicher Parteien in einer Volksvertretung.

98___Diese Verpflichtung
heißt Fraktionszwang.

99___Sri Lanka hieß früher Ceylon.

100__Schah Reza Pahlewi.

101__ Die islamischen Mullahs, die religiösen Führer.
Der erste war der Ayatollah Khomeini.

102__Die meist fanatische Überbetonung
des nationalen Gedankens.

103__Im Jahre 1955 als Antwort
auf die NATO.

104__Bremen mit etwa 400 qkm.

105__ Das größte Bundesland der BRD hat ca. 70.000 qkm. Wie heißt es?

106__ Welche Nationen bildeten das Vier-Mächte-Abkommen?

107__ Kanadas Staatsoberhaupt ist offiziell eine berühmte Dame. Welche?

108__ Welche Parteien gibt es im Abgeordnetenhaus der USA?

109__ Wodurch kam die südafrikanische Stadt Soweto 1976 in die Schlagzeilen?

110__ Wer löste Gorbatschow nach dem Zusammenbruch der Sowjetunion als Präsident ab?

111__ Ein indischer Politiker und religiöser Führer war maßgeblich an der Unabhängigkeit seines Landes beteiligt. Wer war's?

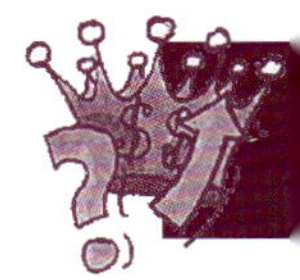

112__ Welches der folgenden Länder kam als Letztes in die EU: Spanien, Frankreich oder England?

113__ War der amerikanische Präsident George Bush ein Republikaner oder Demokrat?

114__ In welchem Jahr fand der Jom-Kippur-Krieg statt?

115__ Welche internationale Menschenrechtsorgansiation wurde 1961 gegründet?

116__ Wie heißt der umstrittene Nachfolger von Rabin?

105__ Bayern.

106__Die USA, die UdSSR, Frankreich und Großbritannien.

107__Elizabeth II. von England.

108__Demokraten und Republikaner.

109__Durch die Studentenproteste, die sich schließlich zu gewalttätigen Auseinandersetzungen verschärften.

110__Boris Jelzin.

111__ Mahatma Ghandi.

112__Spanien.

113__ Ein Republikaner.

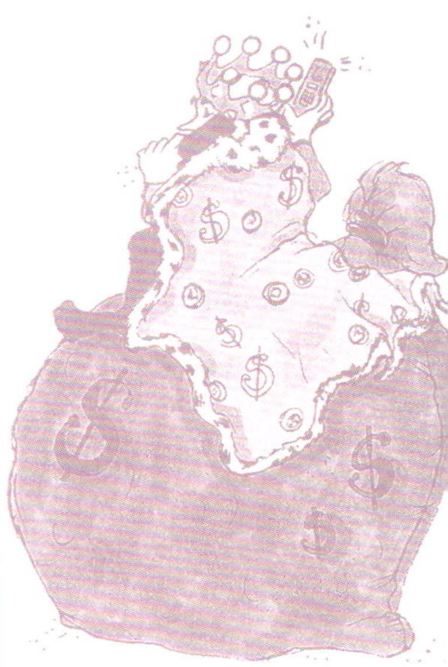

114__ 1973.

115__ Amnesty International.

116__ Benjamin Netanjahu.

117__ War Sputnik I ein Raumschiff?

118__ Wann herrschte Krieg zwischen Iran und Irak?

119__ Norwegen wählte seinen ersten weiblichen Premier.
Wie heißt sie?

120__ Unter welchem Namen war der Diktator von Haiti,
François Duvalier, noch bekannt?

121__ Warum trat Willy Brandt
1974 als Kanzler zurück?

122__ Wie hieß der Naziverbrecher, der in Israel
verhandelt und hingerichtet wurde?

123__ Welche Rakete brachte Neil Armstrong
auf den Mond?

124__ Wie lange dauerte die Kulturrevolution in China?

125__ Olof Palme wurde 1986 ermordet.
Welches hohe Amt hatte er inne?

126__ Wofür steht die UNESCO?

127__ Wer kümmert sich seit 1946
um den Gesundheitszustand der Nationen?

128__ Was sind Staatspapiere?

129__ Was ist eine Legislaturperiode?

117__ Nein, der erste künstliche Erdsatellit.

118__ Von 1980–1988.

119__ Gro Harlem Brundlandt.

120__ Er wurde Papa Doc genannt.

121__ Ein DDR-Spion, Günther Guillaume, war im Kanzleramt entdeckt worden.

122__ Adolf Eichmann.

123__ Apollo 11.

124__ Drei Jahre, von 1966–1969.

125__ Palme war der schwedische Premier.

126__ United Nations Educational, Scientific and Cultural Organization. Sie ist die Organisation der Vereinten Nationen für Erziehung, Wissenschaft und Kultur.

127__ Die WHO, die World's Health Organization, Weltgesundheitsorganisation.

128__ Vom Staat ausgegebene Wertpapiere.

129__ Der Zeitraum, für den ein Parlament gewählt ist.

130__ Wie wird das Verfahren genannt, bei dem bares Geld eingezogen wird?

131__ Worauf warten Aktionäre, wenn sie auf ihre Dividenden warten?

132__ Momentan herrscht Hausse an der Börse. Ist das positiv oder negativ?

133__ Was ist in der Börsensprache das Gegenteil von Hausse?

134__ Wie nennt man einen plötzlichen, starken Konjunkturaufschwung?

135__ Eine Depression kann auch die Wirtschaft betreffen. Was passiert?

136__ Über manche Staaten wird ein Embargo verhängt. Was ist das?

137__ Was versteht man unter Infrastruktur?

138__ Wie werden ausländische Zahlungsmittel noch genannt?

139__ Wie nennt man es, wenn sich zwei oder mehr Personen einen Arbeitsplatz teilen?

140__ Ein Unternehmen geht in Konkurs. Was bedeutet das?

130__ Inkassoverfahren.

131__ Auf ihre Gewinnanteile.

132__ Positiv, denn die Börsenkurse steigen.

133__ Die Baisse, das Sinken der Aktienkurse.

134__ Einen Wirtschaftsboom.

135__ Umsatz, Einkommen und Investitionen gehen zurück.

136__ Eine völkerrechtliche Maßnahme, um einen Staat zu einem bestimmten Verhalten zu zwingen, z. B. ein Handelsembargo.

137__ Einrichtungen, die für die Entwicklung eines Landes, einer Stadt oder Region wichtig sind, wie z. B. Verkehrswege oder Energieversorgung.

138__ Valuta.

139__ Jobsharing.

140__ Es wird wegen erwiesener Zahlungsunfähigkeit zwangsweise aufgelöst.

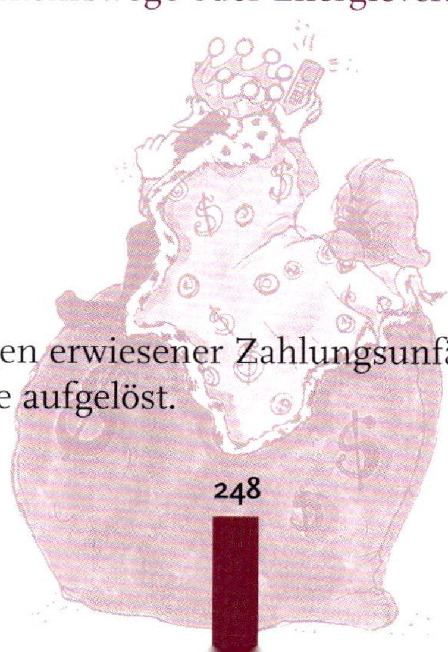

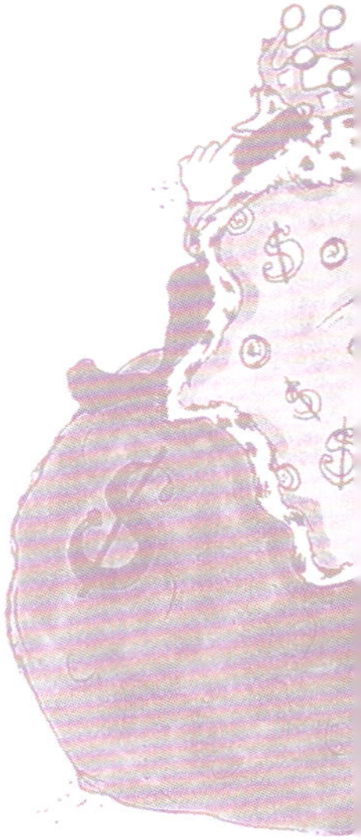

141__ Was ist ein konstruktives Misstrauensvotum?

142__ Welche Flagge zeigt eine weiße Weltkugel auf blauem Grund?

143__ Welches kleine Land wurde in den Fünfzigerjahren von China annektiert?

144__ Wer war der eher glücklose Nachfolger von Margaret Thatcher?

145__ Wann wurde Winston Churchill zum britischen Premierminister ernannt?

146__ Welches Land musste die meisten und schwersten Verluste im 2. Weltkrieg hinnehmen?

147__ Welche Volksgruppen bekämpfen sich auf der Insel Zypern?

148__ Welches Ereignis löste Ostern 1968 heftige und blutige Studentenunruhen aus?

149__ Welcher große Münchener Literat kam am 4. Juli 1934 im KZ Oranienburg zu Tode?

150__ Wie hieß die französische Regierung, die mit den Deutschen kollaborierte?

151__ Was bedeutete der Begriff „Die Vier Alten“, gegen die sich der Terror der chinesischen Rotgardisten richtete?

141__ Das Recht des Bundestags, dem Kanzler sein Misstrauen auszusprechen, indem es einen neuen wählt.

142__ Die Flagge der Vereinten Nationen.

143__ Tibet.

144__ John Major.

145__ Am 10. Mai 1940.

146__ Russland.

147__ Griechische und türkische Zyprioten.

148__ Auf den SDS-Führer Rudi Dutschke wurde ein Attentat verübt.

149__ Der politische Schriftsteller Erich Mühsam.

150__ Es handelte sich um die Vichy- Regierung.

151__ Ideen, Kultur, Sitte, Gebräuche.

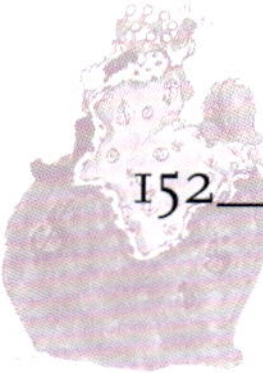

152__ Welcher Premier zog nach John Major triumphal in die Downing Street ein?

153__ Mit welcher politisch äußerst brisanten Situation ist der Name „Schweinebucht“ verbunden?

154__ Welcher große Boxer verweigerte den Wehrdienst und wurde dafür inhaftiert?

155__ Aus welchen Gründen entstand die APO (Außerparlamentarische Opposition) in der BRD?

156__ Welcher hohe Besuch kam ganz inkognito im Juli 1971 nach Peking?

157__ Welcher König löste 1975 den Diktator Franco in Spanien ab und ermöglichte dort eine Demokratie?

158__ Welche einflussreichen Herren trafen sich im September 1971 auf der Krim?

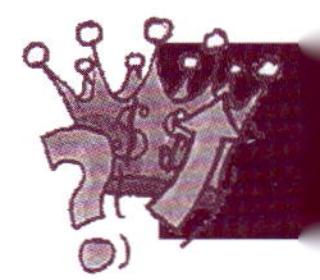

159__ Wer folgte Walter Ulbricht auf den Posten des 1. Sekretärs des Zentralkommitees der SED?

160__ Wozu wurden während des NS-Terrors die jüdischen Mitbürger nach 1938 bezüglich ihrer Vornamen gezwungen?

161__ Wann zogen die US- Truppen aus Südvietnam ab?

162__ Welcher deutsche Bundeskanzler besuchte als erster Peking?

163__ Wann beginnt die europäische Währungsunion?

152__ Der Sozialist Tony Blair.

153__ Mit der Kubakrise im Jahre 1962.

154__ Muhammed Ali, vormals Cassius Clay.

155__ Als Reaktion auf die Große Koalition und die zunehmende Unbeweglichkeit des Bundestags.

156__ Der amerikanische Außenminister Henry Kissinger.

157__ König Juan Carlos I.

158__ Der Bundeskanzler Willy Brandt und der sowjetische Parteichef Leonid Breschnew.

159__ Erich Honecker.

160__ Die Vornamen „Sara“ und „Israel“ mussten hinzugefügt werden, falls der Name nichtjüdisch war.

161__ Im Januar 1973.

162__ Helmut Schmidt.

163__ Am 1. Januar 1999.

164__Was verbarg sich hinter dem schönfärberischen Namen „Unternehmen Barbarossa“?

165__Aus welchen Politikern bestand die SPD-Troika des Jahres 1979 und welche bilden die von 1997/98?

166__Wie heißen die UNO- Schutztruppen in Bosnien-Herzegowina?

167__Welcher ganz außergewöhnliche Vogel war „Eagle“?

168__Welches Land trat 1968 formell aus dem Warschauer Pakt aus?

169__Ab welchem Jahr traten die Fünfjahrespläne der ehemaligen UdSSR in Kraft?

170__In welcher Stadt fand die erste SALT-Runde zur Abrüstung statt?

171__Welches Ereignis ging am 21. und 22. August 1968 wie ein Lauffeuer durch die Welt?

172__Wann trat die friedliche Nutzung des Weltraums in Kraft, und wer lehnte die Unterzeichnung ab?

173__Welcher Schock leitete die verheerende Wirtschaftskrise in den Dreißigerjahren ein?

174__Wann und wo wurde der Vertrag über die Europäische Union unterzeichnet?

164__Die Invasion Hitlerdeutschlands in Russland.

165__ 1979 handelte es sich um Willy Brandt, Helmut Schmidt und Herbert Wehner, bald zwanzig Jahre später um Oskar Lafontaine, Gerhard Schröder und Rudolf Scharping.

166__Die SFOR- Truppen.

167__ Die amerikanische Mondfähre, die am 20. 7. 1969 auf dem Mond landete.

168__Albanien.

169__Ab 1928.

170__In der finnischen Hauptstadt Helsinki.

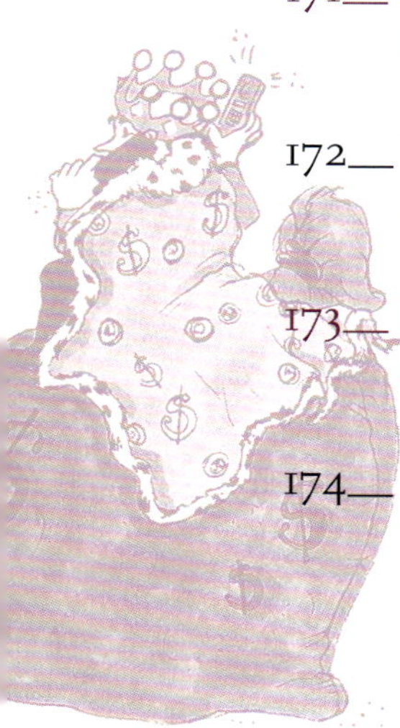

171__ Der Einmarsch der Truppen der fünf Warschauer Pakt-Staaten in die damalige CSSR.

172__ Im Oktober 1967. Frankreich und die Volksrepublik China unterzeichneten nicht.

173__ Der Krach an der New Yorker Börse am 24.10.1930.

174__ Am 7. 2. 1992 in Maastricht.

175__ Welches sind die wichtigsten zu klärenden Maastricht-Kriterien für die Teilnahme am Euro-Bund?

176__ Am 2. April 1991 wurde der Treuhand-Chef Karsten Rohwedder ermordet. Wer bekannte sich zu dem Attentat?

177__ Was geschah am 7. 12. 1941 zum Schrecken der Amerikaner?

178__ Welche ethnischen Gruppen leben in Bosnien-Herzegowina?

179__ Welche junge Nation feierte 1976 ihren zweihundertsten Geburtstag?

180__ Welche Organisation verbarg sich hinter dem Kürzel Gestapo?

181__ Wer war der Amtsnachfolger Richard Nixons, der über die Watergate-Affäre gestolpert war?

182__ Welches Korps befehligte Generalfeldmarschall Rommel?

183__ Welcher deutsche Kanzler wird als der „Einheitskanzler“ bezeichnet?

184__ Wie viel Geld wurde in den Sechzigerjahren täglich für die Rüstung aufgewendet: 100, 270 oder 330 Millionen Dollar?

185__ Wo explodierte die erste Atombombe?

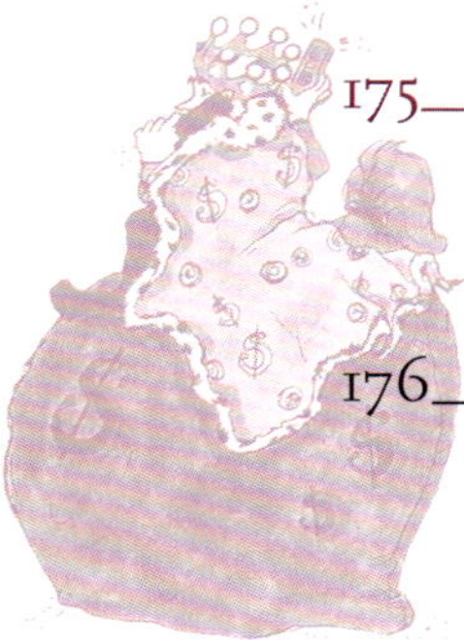

175__ Staatsverschuldung und Haushaltsdefizit.

176__ Die Rote Armee Fraktion, die RAF.

177__ Der japanische Überfall auf Pearl Harbour.

178__ Kroaten, Moslems und Serben.

179__ Die Vereinigten Staaten von Amerika.

180__ Die Geheime Staatspolizei
während des Hitlerregimes.

181__ Gerald Ford.

182__ Das Deutsche Afrikakorps.

183__ Helmut Kohl.

184__ Es waren weltweit etwa 330 Millionen Dollar.

185__ In der Wüste bei Las Vegas.

Sport und Spiel

VOM PUCK BIS ZUR TATAMI

1____Wodurch wird beim Tennis ein Satz entschieden, wenn es zuvor 6:6 stand?

2____Wie viele Disziplinen beinhaltet der Triathlon?

3____Wann erst ist ein Boxer wirklich K. o.?

4____Wer war der jüngste Schachweltmeister aller Zeiten?

5____In welcher Sportart wird mit einem Puck gespielt?

6____Wie alt war Boris Becker, als er 1985 in Wimbledon gewann?

7____Welcher deutsche Rennfahrer wurde 1995 mit Renault Weltmeister?

8____Was tat Niki Lauda nach seiner Formel-1-Karriere?

1____ Durch einen Tie-Break.

2____ Drei: Schwimmen, Radfahren und Laufen.

3____ Wenn er zu Boden geht und innerhalb der nächsten zehn Sekunden nicht wieder aufsteht.

4____ Jurii Kasparow, der bei seinem Sieg 1985 erst 22 Jahre alt war.

5____ Im Eishockey.

6____ 17 Jahre.

7____ Michael Schumacher, genannt „Schumi“.

8____ Er gründete eine Fluggesellschaft.

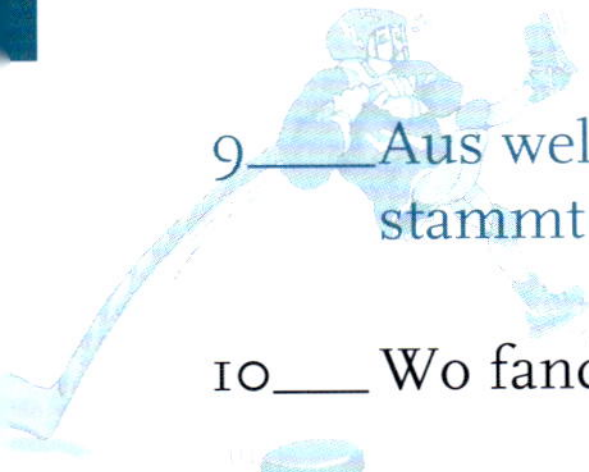

9___ Aus welchem südamerikanischen Land stammt Diego Maradona?

10___ Wo fand 1994 die Fußballweltmeisterschaft statt?

11___ Welche Organisation wird mit FIFA abgekürzt?

12___ Wer wurde 1982 Fußballweltmeister, Spanien, Brasilien oder Italien?

13___ Wie lange dauert ein Fußballspiel?

14___ Was ist beim Anstoß und beim Elfmeter verboten?

15___ Mit welcher Karte wird der Platzverweis beim Fußball angezeigt?

16___ Wie wird ein Fußballspieler verwarnt?

17___ Im Viertelfinale 1990 wurde eine Außenseitermannschaft zum Publikumsliebling. Woher kam sie?

18___ Welcher deutsche Stürmer war in England so beliebt, dass er dort Fernsehsendungen moderierte?

19___ Wie viele Spieler einer Mannschaft sind beim Basketball auf dem Feld?

20___ Wie wird der Betreuer eines Boxers genannt?

21___ Wie heißt das Spiel Badminton in Deutschland?

22___ Was symbolisieren die fünf olympischen Ringe?

9____Aus Argentinien.

10____ In den USA.

11____ Der Internationale Fußballverband.

12____ Italien.

13____ Zwei mal 45 Minuten.

14____ Den Ball nach hinten zu schießen.

15____ Mit der Roten Karte.

16____Mit der Gelben Karte.

17____ Aus Kamerun.

18____ Jürgen Klinsmann.

19____ Fünf.

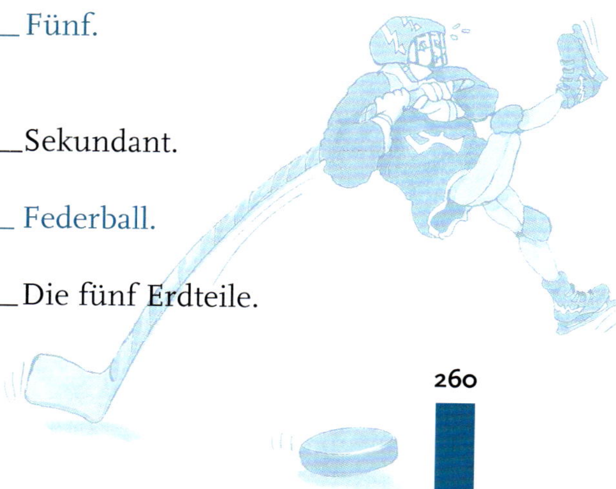

20____Sekundant.

21____ Federball.

22____Die fünf Erdteile.

23___ Ein Boxer geht K. o. Mit welcher Geste zeigt der Sekundant, dass der Boxer aufgibt?

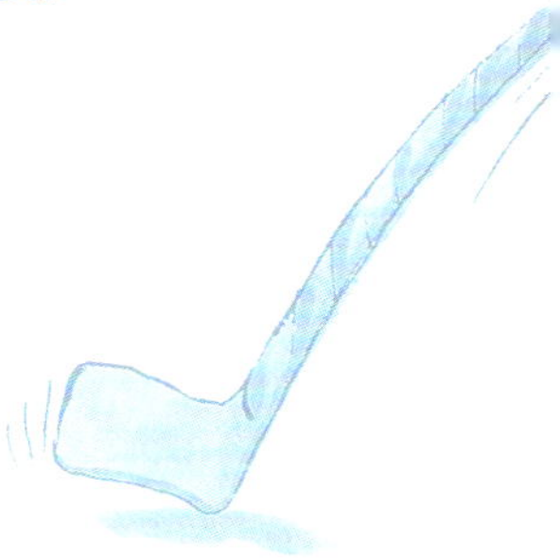

24___ Welche Disziplin müssen Zehnkämpfer als letzte bewältigen?

25___ Die Fechter kämpfen auf einer Bahn. Wie heißt diese?

26___ In welcher Stadt wird der Große Preis von Deutschland im Motorradsport ausgetragen?

27___ Woran erkennt man den Kapitän einer Eishockeymannschaft?

28___ Für welches Jahr sind die Olympischen Spiele der Antike zum ersten Mal belegt?

29___ Axel ist nicht nur ein Vorname. Was kann dieses Wort noch bedeuten?

30___ Was bedeutet K. o.?

31___ Was fand 1896 in Paris statt?

32___ Welche Aufgaben hat das IOC?

33___ Wie schwer ist ein Fußball?

34___ Welche grazile sowjetische Turnerin und dreifache Goldmedaillengewinnerin blieb dem Publikum der Olympiade von 1972 besonders in Erinnerung?

23___ Er wirft ein Handtuch in den Ring.

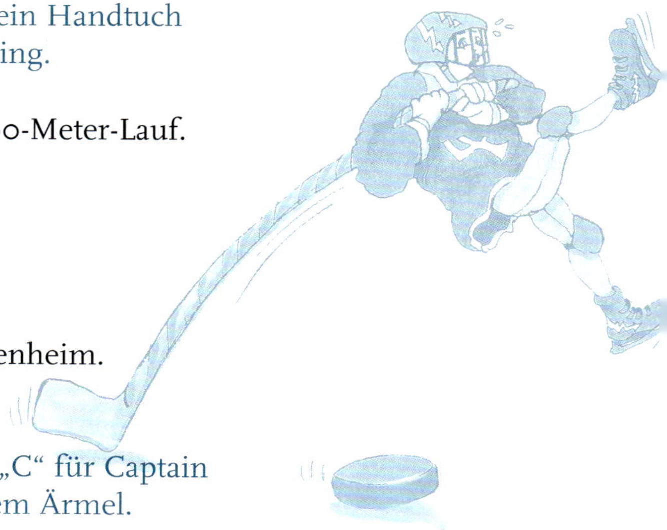

24___ Den 1.500-Meter-Lauf.

25___ Planche.

26___ In Hockenheim.

27___ An dem „C“ für Captain auf seinem Ärmel.

28___ Für das Jahr 776 v. Chr.

29___ Im Eiskunstlauf bezeichnet es eine bestimmte Figur.

30___ Knock out: niedergeschlagen, zu Boden gegangen.

31___ Die ersten Olympischen Spiele der Neuzeit.

32___ Das Internationale Olympische Komitee bestimmt den jeweiligen Austragungsort und die zugelassenen Sportarten.

33___ Der Lederball wiegt zwischen 396 und 453 Gramm.

34___ Olga Korbut.

35___Welche Damenfußballmannschaft wurde 1984 Weltmeister?

36___Was geschah mit der Fußballweltmeisterschaft 1942 und 1946?

37___Zwischen welchen Städten wurde das erste Fußballstädtespiel 1896 ausgetragen?

38___Wie heißt im Tennis ein gemischtes Doppel?

39___Bei welchem Ballsport spielt man mit einem nur 15,25 cm hohen Netz?

40___Welches „Haushaltsgerät“ gehört beim Curling mit zur Ausrüstung?

41___Wo sitzt der Jockey während eines Trabrennens?

42___Wie viele Löcher hat ein Poolbillardtisch?

43___Welche Sportler haben ihr Ziel immer im Rücken?

44___Was ist eine Jolle?

45___Was müssen Segler tragen, um gegen Wind und Wetter geschützt zu sein?

46___Aus welchem Grund wurde 1877 das erste Tennisturnier in Wimbledon veranstaltet?

47___Woraus besteht die Nordische Kombination?

48___Was ist ein Finn-Dinghy?

35___ Die schwedische Mannschaft.

36___ Beide fanden wegen
des 2. Weltkriegs nicht statt.

37___ Zwischen Hamburg und Berlin,
das mit 13:0 haushoch gewann.

38___ Mixed.

39___ Beim Tischtennis.

40___ Der Besen.

41___ In seinem Wagen, Sulky genannt.

42___ Sechs.

43___ Die Ruderer.

44___ Ein Boot ohne Kiel mit verschiebbarem Schwert.

45___ Ölzeug.

46___ Der Erlös sollte der Instandsetzung
einer Rasenwalze zukommen.

47___ Aus Skispringen und Skilanglauf.

48___ Eine olympische Segelsportklasse.

49___Was war ungewöhnlich an den 1980 in Moskau abgehaltenen Olympischen Spielen?

50___Welcher Spieler, als „Enfant terrible“ angesehen, schlug Björn Borg 1981 in Wimbledon?

51___ An welche Sportart denkt man, wenn der Name Pete Rose fällt?

52___ Wie viele Löcher hat der Golfcourse?

53___ Welcher legendäre Boxer gewann 1964, 1974 und 1978 die Weltmeisterschaft im Schwergewicht?

54___ Bei welchem Sport geht es um den Corbillon Cup?

55___ Welcher Schwimmer gewann 1972 gleich sieben Goldmedaillen?

56___Welcher Sport geht mit Begriffen wie épee, sabre oder foil um?

57___ Wie viele Spieler hat ein Kricketteam?

58___ Wann gewann der Mädchenschwarm André Agassi die US-Open?

59___Welches Land gewann die Fußballweltmeisterschaft 1970, Italien, Deutschland oder Argentinien?

60___Wann wurde der erste deutsche Fußballclub gegründet?

61___Welche Sportart kämpft um den Daviscup?

49___Die USA und weitere 57 Staaten boykottierten die Spiele.

50___John McEnroe.

51___ An Baseball.

52___ Achtzehn.

53___ Muhammed Ali.

54___ Diese Trophäe wird im Tischtennis ausgespielt.

55___ Der Amerikaner Mark Spitz.

56___Der Fechtsport.

57___ Elf.

58___Im Jahre 1994.

59___Argentinien.

60___Im Jahre 1878 in Hannover.

61___Tennis.

62___Welche Sprinterin, die mit höchst auffälligen Fingernägeln an den Start ging, gewann 1988 dreimal olympisches Gold?

63___Welcher schwarze Athlet gewann 1936 bei den Olympischen Spielen viermal die Goldmedaille?

64___Wer war 1986 der jüngste Schwergewichtsmeister aller Zeiten?

65___Wie heißt eine berühmte Trophäe im Rugby?

66___Aus welchen Disziplinen besteht der olympische Fünfkampf?

67___Welchen Sport treibt man, wenn man Blinker verwendet?

68___Wer gewann die French Open für Damen 1990 bis 1992?

69___Wodurch zeichnete sich der Radfahrer Miguel Indurain besonders aus?

70___Wie alt dürfen die Spieler der C-Jugend im Fußball höchstens sein?

71___Was ist ein Parcours?

72___Was trug Jan Ullrich, der stolze Gewinner der Tour de France 1997?

73___Welches Gewicht hat der Diskus für Männer?

62___Die Amerikanerin
Florence Griffith-Joyner.

63___Jesse Owens.

64___Mike Tyson.

65___Der Calcutta-Cup.

66___Aus fünf: Schwimmen, Geländelauf, Fechten, Reiten und Schießen.

67___Man angelt.

68___Monica Seles.

69___Er gewann 1994 zum vierten Mal die Tour de France.

70___Vierzehn Jahre.

71___ Die Hindernisbahn der Springreiter.

72___Das gelbe Trikot.

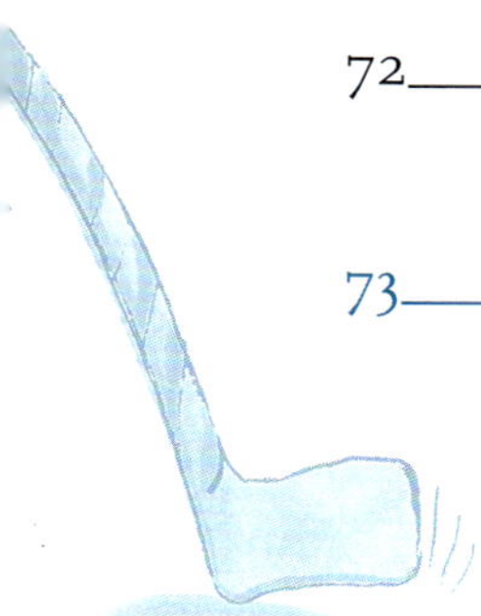

73___ Zwei Kilogramm sind die internationale Norm.

74___ Welche wichtige Institution für den Fußball wurde 1900 in Leipzig gegründet?

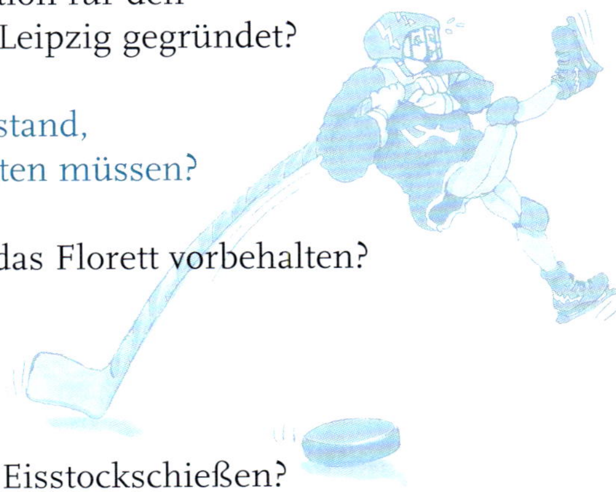

75___ Wie nennt man den Abstand, den zwei Fechter einhalten müssen?

76___ Wem ist beim Fechten das Florett vorbehalten?

77___ Was ist ein Hattrick?

78___ Worauf zielt man beim Eisstockschießen?

79___ Wie heißt der Ringkampf schwergewichtiger japanischer Athleten?

80___ Wie viele Stunden dauert das Sechstagerennen?

81___ Bei welcher Sportart braucht man einen Caddie?

82___ Wie wird beim Billard der Stock bezeichnet, mit dem die Kugel angestoßen wird?

83___ Was bedeutet das griechische Wort Stadion ursprünglich?

84___ Wer ist der Obmann?

85___ Wann wird um die so genannte „Salatschüssel“ gekämpft?

86___ Bei der ersten Olympiade der Neuzeit gab es noch keine Medaillen. Wie wurde der Sieger ausgezeichnet?

74___Der DFB,
der Deutsche Fußballbund.

75___Mensur.

76___Den Damen.

77___Drei Tore desselben Spielers,
die unmittelbar aufeinander folgen.

78___Auf die Daube.

79___Sumo.

80___145 Stunden.

81___Im Golfsport.

82___Er heißt Queue.

83___Die Länge einer Laufbahn.

84___Der Schiedsrichter beim Fechten.

85___Wenn im Fußball der Deutsche Meister
ermittelt wird.

86___Mit einem Kranz aus Olivenblättern
und einer Silbernadel.

87___Wie lange ist die Sperre für einen Amateurboxer nach einem K. o.?

88___Seit wann gibt es die Bundesliga?

89___Wer wurde mit über vierzig Jahren noch Boxweltmeister im Schwergewicht?

90___Wie heißt beim Tennis der Rückschlag nach dem Aufschlag?

91___Was ist die UEFA?

92___Wie breit ist der Wassergraben beim Hindernislauf im Pferdesport?

93___Was ist das englische Wort für Tennisschläger?

94___Wie wird ein Bootswettkampf noch genannt?

95___Was ist der Fliegende Wechsel?

96___Was bedeutet Abblocken?

97___Was bezeichnet man im Basketball als Auszeit?

98___Welche Mannschaften standen sich 1954 im Endspiel der Fußballweltmeisterschaft gegenüber?

99___Wo benutzt man Riemen und Skull?

87___Vier Wochen.

88___Seit 1963/1964. Der 1. FC Köln wurde 1964 Deutscher Meister.

89___George Foreman.

90___Return.

91___Die europäische Fußballunion.

92___Er ist 3,66 m breit.

93___Racket.

94___Regatta.

95___Der Spieleraustausch während des laufenden Spiels beim Eishockey.

96___Das Abfangen des gegnerischen Schlages auf die eigene Deckung.

97___Eine Spielunterbrechung, die nicht zur Spielzeit gezählt wird.

98___Deutschland und Ungarn.

99___Beim Rudern.

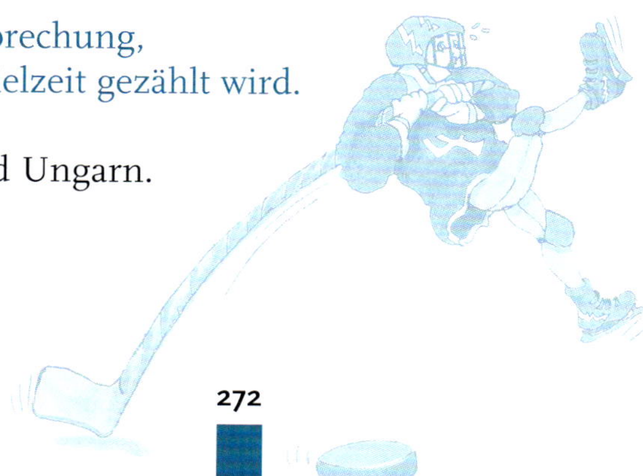

100__Wie viel Auszeit steht einer Basketballmannschaft pro Halbzeit zu?

101__ Was besagt die Dreisekundenregel beim Basketball?

102__Wann wurde der legendäre FC Bayern München gegründet?

103__ Womit spielt eine Mannschaft beim American Football?

104__In welchem Land wurden die Hockey-Regeln festgeschrieben?

105__ Wie lange wird beim Baseball gespielt?

106__Seit wann gibt es die Deutsche Meisterschaft im Badminton?

107__ Welche Sportart hat sich aus dem Surfbrett entwickelt?

108__Wie heißt das Unentschieden von 40:40 beim Tennis?

109__Wie lange wird American Football gespielt?

110__ Aus wie vielen Spielern besteht eine Handballmannschaft?

111__ Was ist eine moderne Amazone?

100__Jeweils eine Minute.

101__ Man darf sich im Freiwurfraum des Gegners nicht länger als drei Sekunden aufhalten, wenn sich der Ball im Besitz der eigenen Mannschaft befindet.

102__Im Jahre 1900.

103__ Mit einer eiförmigen, 400 g schweren Lederhülle, die mit einer Gummiblase gefüllt ist.

104__In England.

105__ Es gibt neun Spielabschnitte, steht es unentschieden, wird um einen vollen Rundgang verlängert.

106__Seit 1957.

107__ Das Skateboarden.

108__Einstand.

109__Viermal zwölf Minuten.

110__ Aus zwölf Spielern
(zehn Feldspielern und zwei Torleuten).

111__ Eine Turnierreiterin.

112__ Gilt der Tie-Break überall?

113__ Welches ist der bedeutendste internationale Wanderpokal beim Mannschaftstennis?

114__ Was ist ein Par?

115__ In welcher Sportart war Magic Johnson überaus erfolgreich?

116__ Wo steht der Aufschläger beim Tennis?

117__ Was passiert bei einem Birdie im Golfsport?

118__ Wann gewinnt ein Tennisspieler nach Einstand?

119__ Wie heißen die vier Sprungdisziplinen?

120__ Sind gemischte Wettkämpfe in der Leichtathletik erlaubt?

121__ Wie nennt man eine Leistungssteigerung, die durch die Einnahme von Medikamenten bewirkt wird?

122__ Wozu gehören Hammerwurf, Kugelstoßen, Diskuswurf und Speerwurf?

123__ Wann wechselt beim Tischtennis der Aufschlag?

124__ Ist Turmspringen eine olympische Disziplin?

112__ Nein, er wird beim Daviscup und in Wimbledon im fünften Satz nicht gespielt.

113__ Der Daviscup.

114__ Die für jedes Loch festgelegte Mindestzahl von Schlägen beim Golf.

115__ Im Basketball.

116__ Beim ersten Aufschlag steht der aufschlagende Spieler immer rechts.

117__ Der Spieler braucht einen Schlag mehr als Par.

118__ Wenn er zwei Punkte Vorsprung hat.

119__ Dreisprung, Hochsprung, Stabhochsprung und Weitsprung.

120__ Nein.

121__ Doping.

122__ Zu den Wurfdisziplinen.

123__ Nach jeweils fünf Punkten.

124__ Ja.

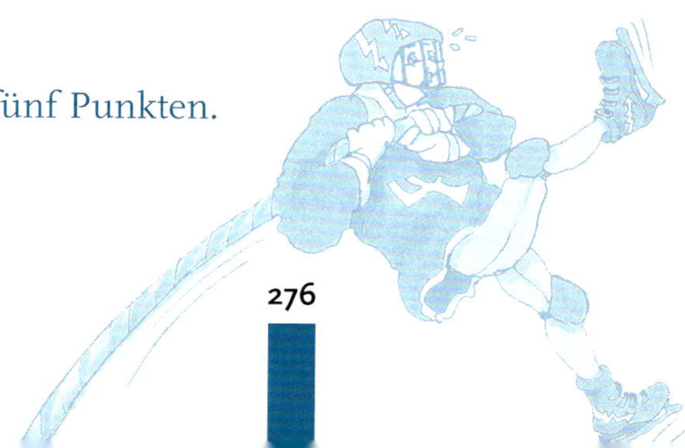

125__ Wird bei Laufwettbewerben mitunter auch doppelt gestoppt?

126__ Was trägt der Caddie von „Tiger“ Williams?

127__ Wie hoch ist die Hürde beim Hürdensprint der Damen?

128__ Ist ein Handicap beim Golf von Vorteil?

129__ Wie viele von zwölf Spielern dürfen beim Handball auf dem Spielfeld sein?

130__ Aus welchen Disziplinen besteht das Military-Reiten?

131__ Welche Sportarten werden beim Biathlon gefordert?

132__ Was ist der Grand Slam?

133__ Seit wann können Frauen an den Olympischen Spielen teilnehmen?

134__ Welche sind die bekanntesten deutschen Autorennstrecken?

135__ Welches Symbol der Olympischen Spiele darf nicht erlöschen?

136__ Wer gewann den Titel im Boxschwergewicht 1997?

125__ Ja, bei Wettbewerben, deren Zeit automatisch gestoppt wird, wird grundsätzlich auch mit der Hand gestoppt.

126__ Seinen Golfschläger und die Fahne.

127__ 0,840 m.

128__ Für den leistungsschwächeren Spieler ja, denn er bekommt diese Vorgabe als Ausgleich.

129__ Sieben.

130__ Aus Geländeritt, Dressurspringen und Springreiten.

131__ Skilanglauf und Gewehrschießen.

132__ Eine Tennisturnierserie der internationalen Meisterschaften von England, Frankreich, den USA und Australien.

133__ Seit 1900.

134__ Der Nürburgring und der Hockenheimring.

135__ Das olympische Feuer, das vom Berg Olymp zum jeweiligen Austragsort gebracht wird.

136__ Evander Holyfield.

137__ Wo spielt man Gaelic Football, in Schweden, Irland oder Australien?

138__ Welcher brasilianische Fußballspieler wurde „Schwarze Perle“ genannt?

139__ Wie nennt man die leichteste Klasse beim Gewichtheben?

140__ Was ist, im Gegensatz zu den Schulnoten, die beste Note im Eiskunstlauf?

141__ Wer waren die ältesten Teilnehmer an einem Marathon?

142__ Welcher Sportler errang zwischen 1900 und 1908 die meisten Goldmedaillen?

143__ Wie oft darf ein Bowlingspieler versuchen, alle zehn Pins abzuräumen?

144__ Welche Kugel wird beim Karambolage-Billard als letzte eingelocht?

145__ Welcher Schwergewichtsboxer konnte sich rühmen, nie einen Kampf verloren zu haben?

146__ Was ist der Unterschied zwischen Volley und Ground Stroke beim Tennis?

147__ Warum wurde beim Hamburger Rothenbaum-Turnier ein Anschlag auf Monica Seles verübt?

137__ In Irland.

138__ Pélé.

139__ Bantamgewicht.

140__ Die 6,0.

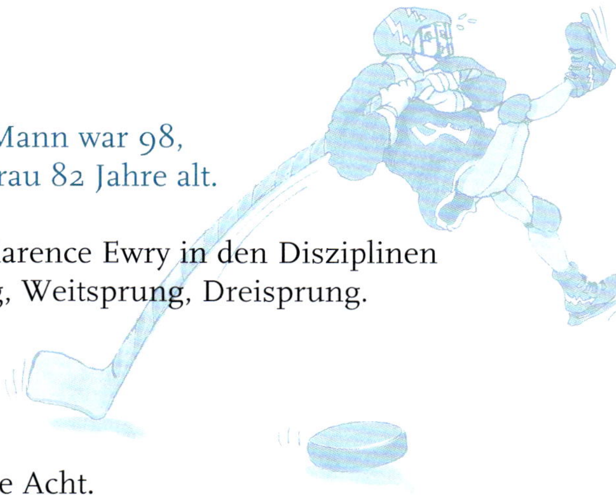

141__ Der älteste Mann war 98, die älteste Frau 82 Jahre alt.

142__ Raymond Clarence Ewry in den Disziplinen Hochsprung, Weitsprung, Dreisprung.

143__ Zweimal.

144__ Die schwarze Acht.

145__ Rocky Marciano.

146__ Beim Ground Stroke schlägt der Ball zunächst auf den Boden, bevor er vom Spieler aufgenommen wird. Der Volley wird in der Luft angenommen.

147__ Ein offenbar geistig verwirrter Fan von Steffi Graf wollte seine Favoritin wieder auf Platz Eins der Weltrangliste sehen.

148__ Wie heißt die kreisrunde Scheibe, mit der man Eishockey spielt?

149__ Bei welcher Sportart turnt man an Barren, Reck, Pferd, Schwebebalken und Ringen?

150__ Wer entzündete das olympische Feuer in Atlanta?

151__ Welcher bayerische Stürmer erzielte bislang die meisten Bundesligatore?

152__ Woran erkennt man den Kapitän einer Fußballmannschaft?

153__ Wann wurde Borussia Dortmund Deutscher Meister?

154__ In welchem Abschnitt des Spielfelds darf der Torhüter den Ball mit den Händen auffangen?

155__ Was ist ein Ippon?

156__ Sitzen die Kampfrichter beim Boxen zusammen?

157__ Wie wird das mit einer Hand bewegte Ruder genannt?

158__ Seit wann gehört Judo zu den olympischen Disziplinen?

159__ Wer schwamm als erster die 100 Meter unter einer Minute?

148_ Puck.

149_ Beim Geräteturnen.

150_ Der schwer kranke, unvergessene Boxer Muhammed Ali.

151_ Gerd Müller.

152_ An der Armbinde.

153_ 1995.

154_ Im Strafraum.

155_ Ein Punktgewinn im Judo.

156_ Nein, sie sitzen getrennt voneinander auf verschiedenen Seiten des Rings.

157_ Skull.

158_ Seit 1882.

159_ Johnny Weissmüller in 56,6 Sekunden.

160__Seit wann besteht die Kieler Woche?

161__ Welche zwei Arten gibt es beim Ringen?

162__„Halsen“ ist nicht gleich „umarmen“. Was dann?

163__ Wie wird der Skisport unterteilt?

164__Wie nennt man die vorgeformte Skilanglaufstrecke?

165__ Lutz ist nicht nur ein Name.
Was bedeutet er im Eiskunstlauf?

166__Was wird beim Golf
mit Bogey bezeichnet?

167__In welche Richtung wird bei
Laufwettbewerben gelaufen?

168__Wie heißt beim Golf die Zone rund um das Loch,
wo der Rasen ganz besonders kurz geschnitten ist?

169__Wie viele Mitglieder
hat eine Leichtathletikmannschaft?

170__ Das Wort „Finte“ findet sich auch
im normalen Sprachgebrauch.
Woher kommt es?

171__ Was darf beim griechisch-
römischen Stil nicht passieren?

172__Was ist ein Cooper-Test?

160__Seit 1964.

161__ Freistil und griechisch-römischer Stil.

162__Die Kursänderung eines Segelbootes.

163__ In nordischen und alpinen Skisport.

164__Loipe.

165__ Einen rückwärtigen Drehsprung.

166__Wenn für ein Loch ein Schlag mehr als Par gebraucht wird.

167__Immer links herum.

168__Das Grün.

169__Mindestens drei.

170__Aus dem Fechtsport. Es ist ein vorgetäuschter Stoß, bei dem die Reaktion des Gegners erwartet und für die eigenen Zwecke ausgenützt wird.

171__ Die Beine dürfen nicht zum Ringkampf benutzt werden, und Griffe sind nur bis zur Gürtellinie erlaubt.

172__ Ein Dauerleistungstest.

173 Was bedeutet es, wenn der Fußball in vollem Umfang die Torlinie überschritten hat?

174 Wann und wo wurden beim Fußball die ersten Regeln aufgestellt?

175 In einer Fußballmannschaft gibt es einen Spieler, der keinen Gegenspieler direkt zu bewachen hat. Wie wird dieser genannt?

176 Kommt Taekwondo ebenso wie Jiu-Jitsu oder Karate aus Japan?

177 Auf welchem deutschen Fluss fand 1850 die erste Regatta statt?

178 Was ist ein Aufsetzer?

179 Wer stiftete den Daviscup?

180 Unter welchem Oberbegriff werden die Kampfsportarten Aikido, Jiu-Jitsu, Kendo, Kindo und Taekwondo zusammengefasst?

181 Wie wird ein Flickflack geturnt?

182 Was ist ein Bully?

183 Wie viele Kilometer muss ein Marathonläufer zurücklegen?

173__ Ein Tor ist gefallen.

174__ 1846 an der englischen Universität von Cambridge.

175__ Libero.

176__ Nein, aus Korea.

177__ Auf der Alster.

178__ Wenn der Ball nicht direkt auf den Torwart zufliegt, sondern kurz vorher auf dem Boden aufsetzt.

179__ Der amerikanische Tennisspieler und Diplomat Dwight F. Davis im Jahr 1900.

180__ Unter dem Begriff „Budo". Er bezeichnet Kampfkünste mit wertbildenden, geistigen und erzieherischen Inhalten.

181__ Es ist ein mehrmaliger, schneller Handstandüberschlag rückwärts.

182__ Wenn der Ball oder Puck durch den Schiedsrichter ins Spiel gebracht wird.

183__ 42,195 km.

184__ Was ist schwerer, ein Hockey- oder ein Wasserball?

185__ Im Golf wird der Spieler nach seinem Können eingestuft. Wie heißt diese Vorgabe?

186__ Seit wann gibt es die Vierschanzentournee im Skispringen?

187__ Was fand in Chamonix zum ersten Male statt?

188__ Wie wird ein Tor im Rugby genannt?

189__ Findet sich der Auerbachsprung im Eiskunstlauf?

190__ Wann und wo wurden die ersten olympischen Winterspiele in Asien ausgetragen?

191__ Wer gewann 1992 in Barcelona den 200-Meter-Lauf der Männer?

192__ Wie nennt man beim Tennis den hoch angesetzten, weich geschlagenen Ball, mit dem der am Netz stehende Gegner überspielt werden soll?

193__ Wie heißen die fünf Standardtänze?

194__ Was verbirgt sich hinter der Féderation Internationale de Lutte Amateur?

195__ Was ist ein Katamaran?

184__ Der Wasserball. Er wiegt zwischen 400 und 450 g, der Hockeyball hingegen nur 150 bis 163 g.

185__ Handicap.

186__ Seit 1952. Ausgetragen wird sie in Oberstdorf, Garmisch-Partenkirchen und Innsbruck.

187__ Die ersten Olympischen Winterspiele.

188__ Ein Mal.

189__ Nein, in der Disziplin Wasserspringen.

190__ 1972 in Sapporo.

191__ Mike Marsh aus den USA.

192__ Den Lob.

193__ Langsamer Walzer, Quickstep, Slowfox, Tango, Wiener Walzer.

194__ Die FILA ist der Internationale Ringerverband mit Sitz in Lausanne.

195__ Ein Zweirumpfsegelboot, das eine sehr hohe Stabilität besitzt.

Musik

VON JOHN LENNON BIS MOZART

1____Wie hieß eine berühmte Boygroup der späten Achtziger und frühen Neunziger?

2____Welche britische Mädchenformation war die Antwort auf die Boygroups und stürmte mit dem Lied „Wannabe“ die Hitparaden?

3____Was bedeutet Backstreet Boys?

4____Wer sang den Teenager-Superhit „I Want You Back“?

5____Welcher Popstar spielte im Film den Außerirdischen Ziggy Stardust?

6____Woher kommen die Sängerinnen von Tic Tac Toe?

7____Welche Nationalität hat die Sängerin Björk?

1____ New Kids on The Block.

2____ Die Spice Girls.

3____ Auf Deutsch bedeutet der Name „Jungs aus der Nebenstraße“, also „Jungs von nebenan“.

4____ 'N Sync.

5____ David Bowie.

6____ Ricky kommt aus Dortmund, Jazzy und Lee kommen aus Gelsenkirchen.

7____ Sie kommt aus Island.

8____ „Definitely Maybe" heißt das Album einer berühmten britischen Popgruppe. Wie heißt sie?

9____ Für welche drei Boygroups erwies sich der geschäftstüchtige Manager Johnny Wright als der genau richtige Mann?

10____ Wie heißt die berühmte singende Großfamilie?

11____ Wie heißen zwei weibliche deutsche Hip-Hop-Stars?

12____ Welche Boygroup wurde durch einen Auftritt in der Soap-Serie „Gute Zeiten, Schlechte Zeiten" populär?

13____ An welche Gruppe, die nach einer Comicfigur benannt ist, denkt man bei dem Namen Deborah Harry?

14____ Welcher Song der Gruppe Roxette kommt in dem Film „Pretty Woman" vor?

15____ Was war Whitney Houstons erster Hit?

16____ Auf welchem R.E.M. Album findet sich der Song „Everybody Hurts"?

17____ Wer ist der rothaarige Mick Hucknall?

18____ Take That nahmen 1996 einen Song auf, der schon während des Discofiebers der Siebziger ein Riesenerfolg war. Wie hießen Interpreten und Lied?

19____ Wie hieß der freche Hit von Lucilectric?

8____Oasis.

9____Für New Kids on The Block, Backstreet Boys und 'N Sync.

10___ Die Kelly Family.

11___ Lucilectric und Schwester S.

12___ Caught In The Act.

13___ An Blondie.

14___ „It Must Have Been Love“.

15___ „Saving All My Love For You“.

16___Automatic For The People.

17___ Der Leadsänger von Simply Red.

18___ „How Deep Is Your Love“ von den Bee Gees.

19___ „Weil ich 'n Mädchen bin.“

20___Wie hieß der unvergessene, charismatische Sänger von Queen?

21___Wie heißen die Sängerinnen von Tic Tac Toe mit bürgerlichem Namen?

22___Eloy, Ben, Bastiaan und Lee sind Mitglieder einer Teenie-Band. Welcher?

23___Auf welchem Genesis-Album findet sich der Song „No Son Of Mine"?

24___Die geheimnisvolle Grace Slick sang „White Rabbit". Zu welcher Gruppe gehörte sie?

25___Wer schrieb „I Shot The Sheriff", das Eric Clapton berühmt machte?

26___Dana, eine ehemalige Sängerin und Gewinnerin des Grand Prix d'Eurovision mit dem Lied „All Kinds Of Everything" hat eine ungewöhnliche Karriere gemacht. Welche?

27___Roger Taylor war der Drummer einer legendären Band, die trotz des frühen Todes ihres Sängers weitermachte. Wie heißt diese Gruppe?

28___Wie hieß der Leadsänger von Nirvana, der Selbstmord beging?

29___Wer machte mit „Ich find dich Scheiße" bundesweit Furore?

30___Mit wie viel Jahren starb Kurt Cobain?

20___Freddie Mercury.

21___Ricarda Nonyem Wältken (Ricky), Marlene Victoria Tackenberg (Jazzy), Liane Wiegelmann (Lee).

22___Caught In The Act.

23___We Can't Dance.

24___Jefferson Airplane.

25___Bob Marley.

26___Sie kandidierte 1997 für das Amt des irischen Präsidenten.

27___Queen.

28___Kurt Cobain.

29___Tic Tac Toe.

30___Mit 27 Jahren (1967–1994).

31___ „I'd Do Anything For Love“ singt Meatloaf unnachahmlich. Auf welchem Album, dessen Titel an seinen ersten großen Erfolg anknüpft, findet sich dieser Song?

32___ „You Can't Hurry Love“ war ein Superhit für Phil Collins. Wer nahm die Originalversion auf?

33___ Welche Gruppe legte 1995 „Love Me For A Reason“ wieder auf?

34___ Mit welcher Popgruppe wurde der exzentrische Boy George assoziiert?

35___ Welche Gruppe brachte „No Need To Argue“ heraus?

36___ Mit welchem Song (nach dem Titel eines weltberühmten Romans) wurde Kate Bush berühmt?

37___ Michael Jackson singt „The Way You Make Me Feel“. Auf welchem Album?

38___ Welche Gruppe brachte „Unplugged“ heraus?

39___ Wer gibt den guten Rat: „Girls, don't cry for Louie, he woudn't waste a tear on you ...“?

40___ Wie hieß die blonde Sängerin der Eurythmics?

41___ Was war Elton Johns erster Hit?

42___ Wie hieß der lockige Sänger, der in einer Band mit einem Sauriernamen sang?

31___ Bat Out Of Hell II.

32___ Die Supremes.

33___ Boyzone.

34___ Culture Club.

35___ The Cranberries.

36___ „Wuthering Heights“.

37___ „Bad“.

38___ Nirvana.

39___ Die holländische Formation Vaya Con Dios.

40___ Annie Lennox.

41___ „Your Song“.

42___ Marc Bolan von T. Rex.

43___Aus welchem Musical kommt „Mr. Mistoffelees“?

44___Mit welchem Lied gewann die schwedische Gruppe Abba 1974 den Grand Prix d'Eurovision?

45___Durch welchen Kultfilm wurde der schwergewichtige Sänger Meat Loaf auch als Schauspieler bekannt?

46___„Holiday“ war der erste Hit einer blonden Sängerin mit provokantem Namen. Wer war's?

47___Wer schrieb die Musik zu dem Musical „Evita“?

48___Wer veröffentlichte das Album „Tubular Bells“?

49___Welche Musikrichtung machten Bob Marley und Peter Tosh weltberühmt?

50___Wer ist Bono?

51___Welche Interpretin sang das Thema zum James-Bond-Film „Goldfinger“?

52___Welches Lied bescherte 1997 aus tragischem Anlass Elton John einen großen Erfolg?

53___Wie hieß der erste Top-Ten-Hit von Bon Jovi?

54___Welcher berühmte Jazztrompeter sang den Titelsong im Musical „Hello Dolly“?

55___Sie hatte eine großartige Reibeisenstimme, sang „Me And Bobby McGee“ und starb früh. Wer war's?

43___ Cats.

44___„Waterloo“.

45___ The Rocky Horror Picture Show.

46___Madonna.

47___ Der mittlerweile geadelte Andrew Lloyd Webber.

48___Mike Oldfield.

49___Reggae.

50___Der Sänger von U2.

51___ Shirley Bassey.

52___ Die Neuauflage von „Candle In The Wind“ anlässlich des Todes von Prinzessin Diana.

53___ „You Give Love A Bad Name“.

54___Louis Armstrong.

55___ Janis Joplin.

56___Welcher deutsche Schlagersänger rührte in den Siebzigerjahren die Herzen mit „Es fährt ein Zug nach Nirgendwo“?

57___Mit dem Song „Love Me Do“ debütierte eine britische Gruppe, die es zu Weltruhm bringen sollte. Wie nannten sich die vier Jungs aus Liverpool?

58___Welcher Schauspielerin war Elton Johns „Candle In The Wind“ ursprünglich gewidmet?

59___Aus welchem Song stammt der Refrain „The answer, my friend, is blowin’ in the wind…“?

60___Ist Kurt Cobains Witwe Courtney Love selbst auch Sängerin?

61___Welches Debutalbum sollte zunächst „Ruhrpottniggaz“ heißen?

62___Wo begann die Karriere der Punksängerin Nina Hagen?

63___Woran denkt man bei dem gekonnt gestotterten „My Generation“ und dem Namen Pete Townsend?

64___Welches hoch begabte Duo schrieb den Soundtrack zum Filmklassiker „Die Reifeprüfung“?

65___Welcher Sänger war mit der Ballade „American Pie“ monatelang unter den ersten Plätzen der Top Ten?

66___Ist das Saxophon ein Holzblasinstrument?

56___Christian Anders.

57___The Beatles.

58___Marilyn Monroe.

59___Aus „Blowin' in The Wind“ von Bob Dylan.

60___Ja. Ihre Band hieß „Hole“.

61___Das erste Album von Tic Tac Toe.

62___In der ehemaligen DDR, wo sie eine fundierte klassische Ausbildung genoss.

63___An The Who.

64___Simon & Garfunkel.

65___Don McLean.

66___Ja. Trotz seines Metallkörpers gehört es zur Gruppe der Holzblasinstrumente.

67___Welcher geniale Komponist schrieb die Musik zur Oper „Don Giovanni“?

68___Ist das Cello das größte Streichinstrument?

69___Wie wurden die Beatles noch genannt?

70___Die Formation „Drei Tenöre“ hat einen überwältigenden Erfolg. Wer singt mit?

71___War der beliebte Schauspieler Manfred Krug auch Sänger?

72___Johann Sebastian Bach komponierte ein Werk, das insbesondere zur Weihnachtszeit aufgeführt wird. Wie heißt es?

73___Im Jahre 1961 wurde das Musical „West Side Story“ uraufgeführt. Wer war der Komponist?

74___Welche Rockband tourte 30 Jahre nach ihrer Gründung 1994/95 mit einem Riesenerfolg um die Welt?

75___Sie war eine Operndiva, berühmt für ihre tragischen Partien und eine Griechin. Wie hieß die Primadonna?

76___Paul Simon nahm mit südafrikanischen Musikern ein Album auf, das sofort ein Welterfolg wurde. Welchen Titel trug es?

77___Welcher höchst exzentrische Musiker sang „She's Out Of My Life“?

67___Wolfgang Amadeus Mozart.

68___Nein, der Kontrabass.

69___„Pilzköpfe“.

70___Luciano Pavarotti, José Carreras und Placido Domingo.

71___ Ja, in der DDR war er ein bekannter und beliebter Jazzsänger.

72___Das „Weihnachtsoratorium“.

73___ Leonard Bernstein.

74___Die Rolling Stones.

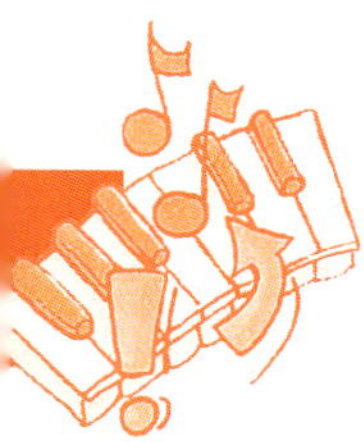

75___ Maria Callas.

76___Graceland.

77___Michael Jackson.

78___Welcher italienische Komponist widmete den Jahreszeiten einen Zyklus?

79___Welche eigenwillige Popgruppe aus den Siebzigern wurde in den Neunzigern von einer Automobilfirma gesponsert, die ein gleichnamiges Auto auf den Markt brachte?

80___Wie nannte sich der hoch begabte Sänger und Komponist von „Purple Rain“, der gern seinen Namen wechselt, in der Zeit seines größten Erfolgs?

81___Wann trennten sich die Beatles endgültig?

82___Im Jahre 1871 entstand die Oper „Aida“, die in Ägypten spielt. Wer komponierte sie, Rossini, Verdi oder Monteverdi?

83___„No Woman, No Cry“, sang Bob Marley eindringlich. Aus welchem Land stammte der Meister des Reggae?

84___Welcher Rock-‘n’-Roll-Sänger verkaufte Millionen von Platten, wirkte in 13 Filmen mit und endete einsam und lebensgefährlich übergewichtig in seiner Villa?

85___Wer schrieb die erste „schwarze“ Oper, aus der das berühmte „Summertime“ stammt?

86___Welche japanische Künstlerin heiratete der Beatle John Lennon?

87___Auch die Schweiz hat ihren Popstar. Wie nennt er sich?

78___ Antonio Vivaldi. Das Werk heißt
„Die Vier Jahreszeiten“.

79___ Pink Floyd.

80___ Prince.

81___ 1970.

82___ Giuseppe Verdi.

83___ Aus Jamaica.

84___ Elvis Presley.

85___ George Gershwin
schrieb „Porgy and Bess“.

86___ Yoko Ono.

87___ DJ Bobo.

88___Welcher deutsche Schlagersänger versicherte: „Marmor, Stein und Eisen bricht, aber unsere Liebe nicht"?

89___Der Film „Flashdance" hatte einen eingängigen Soundtrack. Wie heißt das berühmteste Lied daraus?

90___Der Tänzer John Travolta hatte in den Neunzigern nochmals einen großen Erfolg als Schauspieler. Wie hieß der Film?

91___Mit welchem Spitznamen wurde der King Elvis Presley noch bedacht?

92___Welche Band darf als Pionierin der Girlgroups gelten?

93___Wie hieß Paul McCartneys Gruppe nach der Trennung der Beatles?

94___Welcher blinde Musiker schrieb ein Geburtstagslied für den damals noch eingesperrten Bürgerrechtler und heutigen Präsidenten Südafrikas, Nelson Mandela?

95___Bei Techno wurde auch die DJane Marusha zur Interpretin. Wie hieß ihr Dancefloor-Hit?

96___Welche australische Softrockgruppe hatte in den Siebzigern einen Welterfolg mit dem Soundtrack zum Kultfilm der Discogeneration „Saturday Night Fever"?

97___Wann starb der King of Rock-'n'-Roll, Elvis Presley?

88___Drafi Deutscher.

89___„What A Feeling“.

90___„Pulp Fiction“.

91___„Elvis, the Pelvis“ (Elvis, das Becken), weil er mit gekonntem Hüftschwung tanzte.

92___The Bangles mit der Sängerin Susanna Hoffs.

93___Wings.

94___Stevie Wonder mit „Happy Birthday“.

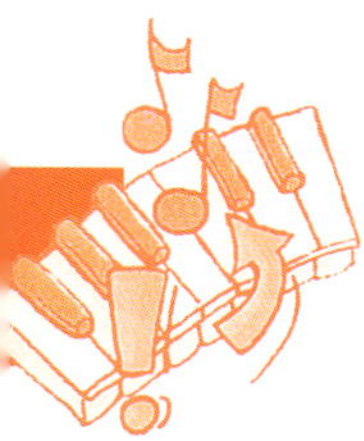

95___„Somewhere Over The Rainbow“, eine Coverversion eines Welterfolgs von Judy Garland.

96___The Bee Gees.

97___1977.

98___Welcher berühmte Folksänger hatte einen Sohn, der in seine Fußstapfen trat?

99___Welche französische Sängerin wurde nicht nur durch ihr kompromissloses „No, je ne regrette rien“, „Nein, ich bereue nichts“, schon zu Lebzeiten zur Legende?

100___Wie hieß die Tanz- und Gesangspartnerin John Travoltas in „Grease“?

101___Der Gangsta Rapper Coolio sang „Gangstas Paradise“. So neu war der Hit beileibe nicht, wer schrieb ihn?

102___Ist Paul McCartneys Tochter Stella auch eine Musikerin?

103___Wer komponierte die „Brandenburgischen Konzerte“?

104___Das Musical „Cabaret“ war ein Welterfolg. Wie hieß die Hauptdarstellerin?

105___Welcher Beatle starb eines tragischen Todes?

106___Welcher Komponist ist verantwortlich für „Cats“ und „Evita“?

107___Welche Sängerin war Duettpartnerin von Peter Gabriel auf der „Secret World Tour“ und hat in den späten Neunzigern mit dem Ohrwurm „Where Have All The Cowboys Gone“ viel Erfolg?

98___Woody Guthrie.
Sein Sohn heißt Arlo Guthrie.

99___Edith Piaf.

100__Olivia Newton-John.

101__ Stevie Wonder.

102__Nein, sie ist Modeschöpferin und war
1997 erstmals mit ihrer Kollektion in Paris.

103__ Johann Sebastian Bach.

104__Liza Minelli.

105__ John Lennon wurde von
einem Attentäter erschossen.

106__Sir Andrew Lloyd Webber.

107__Paula Cole.

108__Aus welchem Musical stammt das Lied „America“?

109__Wie heißt die kanadische Sängerin, die der Superstar der Neunziger ist?

110__ Louis Armstrong sang oft mit der Grand Lady des Jazz Hits wie „Cheek to Cheek“. Wer ist die wohl beste Jazzsängerin aller Zeiten?

111__ Wie heißt das Album von 1997 von Janet Jackson?

112__ Die Sängerin Björk kommt aus Island. Wie lautet ihr vollständiger Name?

113__ Wann starb Freddy Mercury, die Stimme von „Queen“?

114__ Wie heißt der Leadsänger von Oasis?

115__ Woher kommt der Name der Trip-Hop-Gruppe „Portishead“?

116__ Wer ist Charlie Watts?

117__ „In The Mood“ macht durch seinen mitreißenden, Jazz-Bigbandsound schon seit Jahrzehnten Stimmung. Wer schrieb diesen unsterblichen Hit?

118__ Wer ist der reichste Popstar Großbritanniens?

119__ Wer sang die Titelmelodie zum James-Bond-Film „Goldeneye“?

120__„Sultans of Swing“ war der Tophit welcher Band?

108__Aus der „West Side Story“ von Leonard Bernstein.

109__Alanis Morisette.

110__ Ella Fitzgerald.

111__ „The Velvet Robe“.

112__ Björk Gudmundsdottir.

113__ Am 24.11.1991.

114__ Liam Gallagher.

115__ Von der gleichnamigen Stadt an Englands Westküste.

116__ Der Drummer der Rolling Stones.

117__ Glenn Miller.

118__ David Bowie, dicht gefolgt von Paul McCartney.

119__ Tina Turner.

120__Dire Straits.

121__ Welches Mitglied der Kelly Family hat 1997 erfolgreich an dem härtesten Fitness-Wettbewerb „Iron Man“ auf Hawaii teilgenommen?

122__ 1994 brachte die seit den Sechzigern berühmte Formation Pink Floyd ein Album heraus. Wie hieß es?

123__ Wer spielte und sang die Titelrolle in dem Film „The Wall“?

124__ Welche Band bezeichnet sich gern selbst als die „Enkel der Beatles“?

125__ Mit welcher Band verbindet man die Texterin und Sängerin Beth Gibbons?

126__ Annie Mae Bullock kennt niemand, ihren Künstlernamen jeder. Wer ist’s?

127__ Mit welcher Gruppe assoziiert man den Namen Shane McGowan?

128__ Wann erschien das legendäre Beatlesalbum „Sgt. Pepper's Lonely Hearts Club Band“?

129__ Ein deutscher Schlagerstar mit Samtstimme. Nach großen Erfolgen ganz unten, dann ein völlig unerwartetes Comeback als Fernsehstar. Wer war’s?

130__ Wie heißt der Drummer von R.E.M.?

131__ Wieso hört man Techno kaum im Radio?

121__ Joe Kelly.

122__ „The Division Bell“.

123__ Bob Geldof.

124__ Oasis.

125__ Mit Portishead.

126__ Tina Turner.

127__ The Pogues.

128__ 1967.

129__ Roy Black.

130__ Peter Buck.

131__ Diese Richtung ist weniger zum Hören, als zum Tanzen konzipiert: Dancefloor-Sound.

132__ Bereits in den Siebzigern war „Don't Leave Me This Way“ ein Hit. Welche Gruppe nahm sich seiner an und war damit 1994 auch sehr erfolgreich?

133__ Michael Jackson hat einen Sohn. Wie heißt das Kind?

134__ Wer trat mit den attraktiven, souligen „Supremes“ auf?

135__ Wie hieß die erste Single der Boygroup 'N Sync?

136__ Wen kennt die Welt unter dem Namen Bubbles?

137__ Wer organisierte die „World in Motion Tour“ der späten Neunziger?

138__ Wie wird der Rhythmus beim Techno genannt?

139__ Welcher Junge der Kelly Family lässt die Teenagerherzen höher schlagen?

140__ Pink Floyd schrieb die Musik zu einem erfolgreichen Film, in dem der Sänger Bob Geldof die Hauptrolle spielte. Wie hieß das Werk?

141__ „Schools Out For Ever“ sang ein Einzelgänger in Glitzeranzug und theatralischer Maske. Auch in den Neunzigern gibt es ihn noch. Wer ist's?

142__ Mit welcher umwerfenden Rolle wurde der Schauspieler und Sänger Tim Curry mit einem Schlag weltberühmt?

132__ The Communards.

133__ Prince Michael.

134__ Diana Ross.

135__ „I Want You Back“.

136__ Den zahmen Schimpansen des exzentrischen Stars Michael Jackson.

137__ Der Schweizer Dancefloor-Export DJ Bobo.

138__ Beat.

139__ Der jüngste, Paddy Kelly.

140__ „The Wall“.

141__ Alice Cooper.

142__ Mit dem Part des Vampirs Frank N'Furter aus der „Rocky Horror Picture Show“.

143__ Wie hieß das Debutalbum von Portishead?

144__ Wer war die Leadsängerin der Pretenders?

145__ Welches Instrument spielt Woody Allen?

146__ Eine Berliner Sängerin ließ in den Achtzigern 99 Luftballons steigen. Wer war's?

147__ Welche deutsche Band orientiert sich stark am US-amerikanischen Gangsta Rap?

148__ Wer machte mit „Die Da" in Deutschland Furore?

149__ Was bedeutet der Name Tic Tac Toe?

150__ Wie nennt sich die deutsche Popgruppe aus Leipzig mit ihrem märchenhaften Namen?

151__ Welcher deutsche Sänger, der stets einen schwarzen Hut trägt, widmete Erich Honecker den Song „Sonderzug nach Pankow"?

152__ Mick Jagger hat Musikgeschichte geschrieben. In welcher Formation ist er bis heute zu finden?

153__ Wie heißt die größte Hitsammlung von Bon Jovi?

154__ Wie hieß die Mädchenband, die mit ihrem frischen Rapsong „Let's Talk About Sex" in die Charts kam?

155__ Welches Musical wurde in den Siebzigern ein Welterfolg und beeinflusste die Flower-Power-Bewegung?

143__ „Dummy“.

144__ Chrissie Hynde.

145__ Klarinette.

146__ Nena.

147__ Rödelheim Hartreim Projekt.

148__ Die Fantastischen Vier.

149__ Käsekästchen.

150__ Die Prinzen.

151__ Udo Lindenberg.

152__ Bei den Rolling Stones.

153__ Crossroads.

154__ Salt N'Peppa.

155__ „Hair“.

156__ Welche Musik macht Blümchen, Volksmusik oder Soul?

157__ Für welche Musikrichtung standen Nena, Hubert Kah, Ideal und Spliff?

158__ Spielt Bill Clinton Geige oder Saxophon?

159__ Wer sang – mit kaum 20 Jahren – „With A Little Help From My Friends“ und ist 1997 immer noch gut im Geschäft?

160__ Wie nennt sich Deutschlands größtes Techno-Festival?

161__ Auch Deutschland hat seine Boygroup. Wie heißt sie?

162__ Wie heißen die Schwestern von Michael Jackson?

163__ Wie nennt man die Musikrichtung der Neunziger, die vor allem den gepflegten Bigband-Sound à la James Last wiederentdeckt hat?

164__ Welche Rolle spielte Madonna in der Verfilmung eines weltberühmten Musicals?

165__ Wie hieß der Gitarrist, der die amerikanische Nationalhymne mit den Zähnen spielte?

166__ Wie hieß die erste Punkband aus Großbritannien?

167__ Welcher berühmte amerikanische Sänger leistete seinen Wehrdienst im Taunus ab?

156__ Weder noch. Sie orientiert sich an der Neuen Deutschen Welle der Achtziger.

157__ Für die Neue Deutsche Welle.

158__ Saxophon.

159__ Joe Cocker.

160__Die Love-Parade in Berlin.

161__ Bed N'Breakfast.

162__La Toyah und Janet Jackson.

163__ Easy Listening.

164__Die Rolle der Eva „Evita“ Peron.

165__ Jimi Hendrix.

166__Sex Pistols.

167__Elvis Presley.

168__ Aus welchem Film stammt das Lied „Ein Freund, ein guter Freund“?

169__ Was tut La Toyah Jackson im Moment?

170__ Wer schmachtete „Akropolis, adieu“?

171__ Welches Paar sang „Nut Bush City Limits“?

172__ Wer behauptete von sich, er sei eine „Sex Machine“?

173__ Welcher Sänger wollte immer schon wie Diana Ross aussehen und hat es bald geschafft?

174__ Welche Sängerin hatte die Band Sugar Cubes?

175__ Hat Mike Oldfield eine Schwester, die auch Musikerin ist?

176__ Mit welchem Musikfilm begann die Disco-Ära?

177__ Wie heißt der hellblonde deutsche Sänger mit der dunklen Brille, der sein Publikum mit allerlei Heimatklängen in Erstaunen versetzt?

178__ In welchem Jahr wurde John Lennon ermordet?

179__ Welcher deutsche Schlagerstar besang „Das Mädchen Carina“?

180__ Welchen Hit hatte Paul McCartneys Band The Wings?

181__ Von wem stammt das Lied „Message In A Bottle“?

168__Aus „Die Drei von der Tankstelle“.

169__Sie betätigt sich als Lebens- und Astrologieberaterin.

170__Mireille Mathieu.

171__ Ike & Tina Turner.

172__ James Brown.

173__ Michael Jackson.

174__ Björk.

175__ Ja. Sally Oldfield.

176__Mit „Saturday Night Fever“.

177__ Heino.

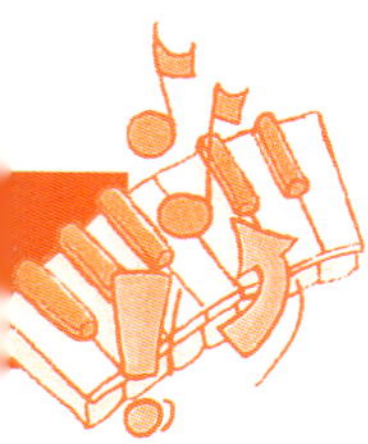

178__ Im Jahr 1980.

179__ Roy Black.

180__„Mull of Kintyre“.

181__ Von Police.

Stadt, Land, Fluss

VON DER SEUFZERBRÜCKE BIS BEVERLY HILLS

1____An welche Länder grenzt Norwegen?

2____Wie wird die einstige Stadt Konstantinopel heute genannt?

3____ Welche Großschifffahrtsstraße trennt Afrika von Asien?

4____Sydney ist die Hauptstadt Australiens. Wahr oder falsch?

5____ Welches ist das zweitgrößte Land der Welt?

6____Südafrika hat zwei offizielle Hauptsprachen. Wie heißen sie?

7____ In welcher europäischen Großstadt würde man den Parthenon besichtigen?

8____Wie heißt der höchste Alpengipfel?

1____ An Schweden und Finnland.

2____Istanbul.

3____ Der Suezkanal.

4____Falsch. Die australische Hauptstadt ist Canberra.

5____ Kanada.

6____Englisch und Afrikaans, die Sprache der Buren.

7____ In Athen.

8____Der Mont Blanc mit 4.810 m Höhe.

9____In welchem Land gibt es die größten Goldvorkommen?

10____Welches europäische Land liegt mit ca. 40 % seiner Fläche unterhalb des Meeresspiegels?

11____In welcher italienischen Stadt wurden Gefangene über die so genannte „Seufzerbrücke“ geführt?

12____Wie heißt der südlichste Teil Südamerikas?

13____In welchem Land muss man für eine Flasche Retsina mit Drachmen bezahlen?

14____Welches ist der längste Fluss in Nordamerika?

15____In welcher Stadt steht Michelangelos berühmte marmorne Statue des David?

16____Welche Länder bilden die Iberische Halbinsel?

17____Wo befindet sich das Schloss Sanssouci?

18____Zu welchem Land gehört Korsika?

19____Geht der Äquator durch Argentinien?

20____Auf welchem Kontinent findet man den Victoriasee?

21____Vom Zuckerhut aus sieht man auf welche Stadt?

22____Wie verständigt man sich in Syrien?

23____Wie heißt der höchste Gipfel Afrikas?

9____In Südafrika.

10____ Die Niederlande.

11____ In Venedig.

12____ Kap Hoorn.

13____ In Griechenland.

14____ Der Mississippi-Missouri.

15____ In Florenz.

16____ Spanien und Portugal.

17____ In Potsdam.

18____ Zu Frankreich.

19____ Nein.

20____In Afrika.

21____ Auf die brasilianische Stadt Rio de Janeiro.

22____Auf Arabisch.

23____ Kilimandjaro. Er ist 5.895 m hoch.

24___Welche Religionsgemeinschaft hat ihren Hauptsitz in der amerikanischen Stadt Salt Lake City in Utah?

25___Welcher US-Staat ist der größte, Kalifornien oder Alaska?

26___Südlich der Malaiischen Halbinsel liegt ein Inselstaat, dessen gleichnamige Hauptstadt ein einflussreicher Verkehrs- und Handelshafen ist. Wie heißt sie?

27___In welchem Land befindet man sich, wenn man auf dem Flughafen Orly gelandet ist?

28___Lanzarote gehört zu welcher Inselgruppe?

29___Die amerikanische Großstadt Chicago liegt an einem großen See. Wie heißt er?

30___Welchen Namen trug Thailand früher? Ein Tipp: eine exotische Katzenrasse heißt immer noch so!

31___Wie heißt die italienische Insel südlich von Korsika?

32___Wo hat das Internationale Komitee vom Roten Kreuz seinen Sitz?

33___Auf welcher Insel tanzte Alexis Sorbas?

34___Wie heißt die russische Stadt Leningrad seit der Perestroika?

35___Wie viel Prozent der Erdoberfläche werden von Wasser bedeckt?

24___Die Mormonen.

25___ Alaska.

26___Singapur.

27___In Frankreich.

28___Zu den Kanarischen Inseln.

29___Lake Michigan oder Michigansee.

30___Siam.

31___ Sardinien.

32___ In Genf.

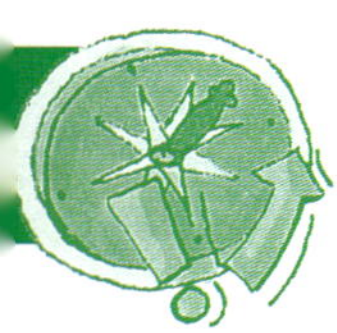

33___ Auf Kreta.

34___ St. Petersburg.

35___ 70 %.

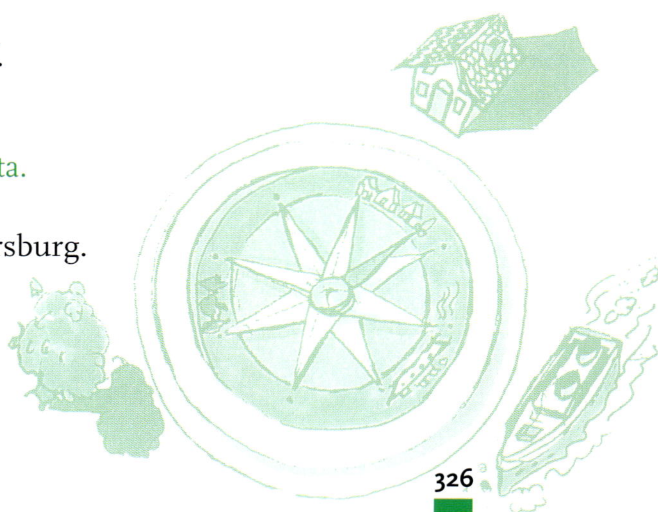

36___Unter welcher Regierung stand das afrikanische Land Kenia, bevor es im Jahre 1963 unabhängig wurde.

37___Auf welchem Kontinent ist der Südpol?

38___Wie nennt man eine Spalte in der Erdkruste, aus der flüssiges Gestein auf die Erdoberfläche quillt?

39___Was versteht man unter einem Geysir, und welches Land hat verhältnismäßig viele davon?

40___Was wird auf der Richterskala gemessen?

41___Wie nennt man die gedachten Linien, die vom Äquator ab je 90 Grad nach Norden und Süden gezählt werden?

42___Wie nennt man die Abtragung und Zerschneidung der Erdoberfläche durch Wasser, Wind und Eis?

43___Welches ist Chinas längster Fluss?

44___Das Delta welches Flusses war Schauplatz erbitterter Kämpfe während des Vietnamkrieges?

45___Wie heißt der wichtigste Fluss Zentral- und Südosteuropas?

46___Zu welchem deutschen Bundesland gehört Franken?

47___An welchem Fluss liegen die Städte Buenos Aires und Montevideo?

36___Kenia war von 1920 bis 1963 eine britische Kronkolonie.

37___Auf dem Kontinent Antarktis.

38___Einen Vulkan.

39___Ein Loch in der Erdkruste, aus dem kochendes Wasser aufschießt. Island, das stark vulkanisch ist, hat viele Geysire und warme Quellen.

40___Die Stärke eines Erdbebens.

41___Breitengrade.

42___Erosion.

43___Der Gelbe Fluss.

44___Das Mekong-Delta.

45___Donau.

46___Zu Bayern.

47___Am Rio Plata.

48___An welchem Fluss liegt Düsseldorf?

49___Wohin mündet die Donau?

50___Wie heißt das flächenmäßig größte deutsche Bundesland?

51___ In welchem Gebirgszug liegt der berühmte amerikanische Yosemite-Nationalpark?

52___Welcher Höhenzug befindet sich südlich von Stuttgart?

53___ Welches Bergplateau erstreckt sich durch das südöstliche Belgien, Luxemburg und Nordfrankreich?

54___Welches ist der höchste Gipfel der österreichischen Alpen?

55___ Wo liegen die Karpaten?

56___Wo in Afrika befindet sich das eindrucksvolle Hoggar-Gebirgsmassiv?

57___ An welchem Fluss ist die Stadt Köln gelegen?

58___In welcher italienischen Region liegt die Stadt Florenz?

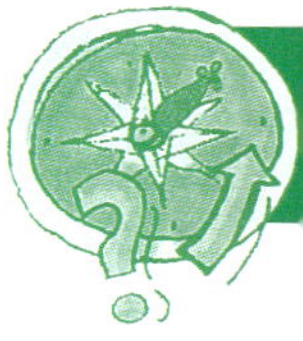

59___Welche beiden früheren afrikanischen Länder bildeten zusammen Tansania?

60___Wo steht der Tadsch Mahal, und welchen Zweck hat dieses herrliche Bauwerk?

48___Am Rhein.

49___Ins Schwarze Meer.

50___Bayern.

51___In der Sierra Nevada.

52___Der Schwarzwald.

53___ Die Ardennen.

54___Der Großglockner, auch nur Glockner genannt, mit 3.797 m.

55___ In Rumänien.

56___In der algerischen Sahara.

57___ Am Rhein.

58___In der Toskana.

59___Tanganyika und die Gewürzinsel Sansibar.

60___Dieses berühmte Grabmal steht in der indischen Stadt Agra.

61___Welcher amerikanische Staat ist am spärlichsten besiedelt?

62___In einer europäischen Stadt steht zum Gedenken an den Märchendichter Hans Christian Andersen die Statue der „Kleinen Seejungfrau“. Wie heißt sie?

63___Zu welcher Inselgruppe gehören Kuba und Jamaika?

64___Wie heißt das Wahrzeichen Japans, das zugleich der höchste Berg des Landes ist?

65___In welcher Stadt steht das Hauptwerk der byzantinischen Kunst, die Hagia Sophia?

66___In welchem amerikanischen Bundesstaat befindet sich der Grand Canyon?

67___An welchen Landesgrenzen liegt der Genfer See?

68___Wie heißt die größte Stadt Chinas?

69___Auf welcher Insel liegt die japanische Hauptstadt Tokio?

70___Wie heißt die zukünftige Hauptstadt Deutschlands?

71___Woraus bestehen Gletscher?

72___Wie heißt beim Erdkörper die Schicht, die zwischen Erdkruste und Erdkern liegt?

73___Wo steht der größte Fels der Erde?

61___ Wyoming.

62___Kopenhagen.

63___Zu den Großen Antillen.

64___Der Fudschijama.

65___In Istanbul.

66___In Arizona.

67___An der schweizerischen und an der französischen Grenze.

68___Shanghai.

69___Auf der Insel Hondo (Honschu).

70___Berlin.

71___ Aus Eismassen.

72___Erdmantel.

73___ In Australien, und er heißt Ayers Rock.

74___Was versteht man
unter dem Begriff „Tsunami“?

75___Was sind sie und was ist der Unterschied
zwischen Stalagmiten und Stalagtiten?

76___Wie heißen die beiden längsten
Flüsse der Erde?

77___Wie alt ist die Erde ungefähr: 2.500,
3.800 Millionen oder 4,6 Milliarden Jahre?

78___Was geschah im Jahre 69 n. Chr.
in Pompeji?

79___Von welcher britischen Insel stammt
die schwanzlose Manx-Katze?

80___Wo befindet sich der Berg, auf dem es
an 350 Tagen im Jahr regnet?

81___Was bildet sich am Himmel, wenn die Sonne durch
die Wolken kommt und ihre Strahlen von noch
fallenden Regentropfen reflektiert werden?

82___Wie heißt der kälteste Ort der Erde?

83___Was sind Nordlichter?

74___Ungeheure Wellen, die durch Seebeben ausgelöst werden und eine Höhe von bis zu 30 Metern erreichen können.

75___Es sind steinerne Gebilde in Tropfsteinhöhlen. Stalagmiten „wachsen“ vom Boden empor, Stalagtiten von der Höhlendecke nach unten.

76___Der Amazonas mit 6.750 km und der Nil mit 6.670 km Länge.

77___Sie ist 4,6 Milliarden Jahre alt.

78___Bei einem Ausbruch des Vulkans Vesuv wurde die gesamte Stadt verschüttet.

79___Von der Isle of Man.

80___Auf Hawaii, es ist der Berg Wai-'ale-'ale.

81___Einer oder mehrere Regenbögen.

82___Die Antarktis, es kann dort bis zu –82 Grad Celsius kalt werden.

83___Gelbe, grüne und rote Lichterscheinungen, die im hohen Norden über den Nachthimmel wandern. Sie werden durch elektrisch geladene Luftteilchen verursacht.

84___Warum ist es in München bei Föhnwind oft so mild?

85___Wie heißt die größte Insel auf der Welt?

86___Auf welchem Kontinent regnet es am wenigsten?

87___Welche Insel wird in einem Atemzug mit der italienischen Mafia genannt?

88___Welche Insel liegt unterhalb der Südspitze Indiens?

89___Wie heißt die Hauptstadt der Philippinen?

90___Um Hoheitsrechte bezüglich welcher Insel streiten sich die Türkei und Griechenland?

91___Wer war zeitweise der zugleich berühmteste und unfreiwilligste Einwohner der Insel St. Helena?

92___Auf welcher Insel treffen sich Malaysia und Indonesien?

93___Wie heißt die Hauptstadt von Haiti?

94___Welche Insel ist auch unter dem Namen „Perle der Antillen“ bekannt?

95___An der Mündung welchen Flusses liegt die Stadt New York?

96___Beverly Hills und Santa Monica sind vornehme Stadtteile einer riesigen Weltstadt. Wie heißt sie?

84___Der Föhn ist ein Fallwind, der von den Alpen ins Tal stürzt und sich durch die Druckzunahme alle 100 Meter um ein Grad Celsius erwärmt.

85___Grönland.

86___In der Antarktis.

87___Sizilien.

88___Sri Lanka.

89___Manila.

90___Um Zypern.

91___Napoleon Bonaparte.

92___Auf Borneo.

93___Port au Prince.

94___Kuba.

95___An der Mündung des Hudson River.

96___Los Angeles.

97___In welcher Stadt werden weltweit die kältesten Temperaturen gemessen?

98___In welchem Land bezahlt man eine Flasche „vinho verde“ mit Escudos?

99___Wie heißen die Eingeborenen Neuseelands?

100___Welche Inselgruppe im Pazifik ist berühmt für ihre Riesenschildkröten?

101___Was ist das größte unterirdische Höhlensystem der Erde?

102___Wie heißt die Hauptstadt von Zimbabwe?

103___Welches ist der größte aktive Vulkan der Erde?

104___In welcher Stadt befindet sich das große Stadion namens Madison Square Garden?

105___In welches Land gehören die Städte Stavanger, Bergen und Trondheim?

106___In welcher berühmten europäischen Stadt kann man nachts auf der „Spanischen Treppe“ sitzen?

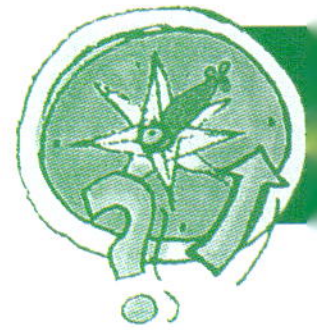

107___Von welchem Land ist Lima die Hauptstadt?

108___Mit welcher Handarbeit bringt man die französische Stadt Chantilly in Verbindung?

109___Welches europäische Land ist in 23 Kantone aufgeteilt?

97__In Oimyakon in Sibirien.

98__In Portugal.

99__Die Maori, ein Volk der Polynesier.

100__Die Galapagosinseln.

101__Das Great Barrier Reef vor der nordöstlichen Küste Australiens.

102__Harare.

103__Der Mauna Loa auf Hawaii.

104__In New York.

105__Nach Norwegen.

106__In Rom.

107__Von Peru.

108__Mit Spitzenklöppeln.

109__Die Schweiz.

110__ In welcher Großstadt gibt es eine Carnaby Street?

111__ In welchem Land ist der Schekel die offizielle Währung?

112__ Ist Jerusalem oder Tel Aviv die Hauptstadt Israels?

113__ Von welcher Stadt hat Oscar Wilde behauptet – und er musste es schließlich wissen – dass das Sterben dort teuer sei?

114__ Es gibt zwei Monumente, die „Kleopatras Nadel" heißen. In welchen beiden Städten sind sie zu finden?

115__ Welche Stadt, die weltberühmt für ihre Spielcasinos ist, liegt in der Wüste des amerikanischen Bundesstaates Nevada?

116__ Istanbul ist die Hauptstadt der Türkei. Stimmt das?

117__ Wo befindet sich die Felsformation „Durdle Door"?

118__ Welche europäische Stadt ist, was den Personen- und Gütertransport betrifft, gänzlich auf ihre Wasserstraßen angewiesen?

119__ Was bedeutet der Name des auf tragische Weise berühmt gewordenen Tiananmen-Platz in Peking?

120__ Wer hat London als ein „modernes Babylon" bezeichnet?

121__ Was bedeutet der Name „Philadelphia"?

110__ In London.

111__ In Israel.

112__ Jerusalem.

113__ Von Paris, der Stadt,
in der er völlig verarmt starb.

114__ In London und New York.

115__ Las Vegas.

116__ Nein. Ankara ist die Hauptstadt.

117__ An der Kreideküste in Dorset in Großbritannien.

118__ Venedig.

119__ Pforte des Himmlischen Friedens.

120__ Der englische Staatsmann
Benjamin Disraeli.

121__ Brüderliche Liebe.

122__ In welcher Stadt gibt es eine Straße, die „Unter den Linden“ heißt?

123__ Welche deutsche Stadt gibt einer Brühwurst ihren Namen?

124__ „Wenn ein Mensch von ... müde wird, dann hat er auch sonst keine Lust mehr zu leben.“ Von welcher Stadt wurde das behauptet?

125__ Welchen Namen gaben die britischen Siedler dem Ort, der bis dahin in der Neuen Welt als Neu-Amsterdam bekannt war?

126__ In welchem Ozean liegt die Inselgruppe der Seychellen?

127__ Welches Meer trennt Ägypten und die Arabische Halbinsel?

128__ In welches Gewässer mündet der indische Fluss Ganges?

129__ Welches ist der größte Ozean der Welt?

130__ In welchem Meer liegt das Great Barrier Reef, das größte Höhlensystem der Welt?

131__ Wo liegen die Weihnachtsinseln?

132__ Welches Meer ist nördlich von Norwegen und Finnland?

133__ Wie heißt die Hauptstadt Neuseelands?

122__ In Berlin.

123__ Frankfurt.

124__ Von London.

125__ New York.

126__ Im Indischen Ozean.

127__ Das Rote Meer.

128__ In die Bucht von Bengalen.

129__ Der Pazifik.

130__ Im so genannten Korallenmeer.

131__ Im Indischen Ozean.

132__ Die Beringsee.

133__ Wellington.

134__ In der Nähe welches Meeres liegt der große Pilgerort Mekka?

135__ Wo spielt man den Dudelsack?

136__ In welchem Land liegt die Stadt Den Haag?

137__ Wo findet man die Sixtinische Kapelle?

138__ Welche deutsche Stadt verlor ihre Kinder an einen Flöte spielenden Rattenfänger?

139__ In welcher Stadt wurde Roy Black geboren?

140__ Welches so genannte „Meer" ist eigentlich der größte Binnensee der Welt?

141__ Welcher See im schottischen Hochland beherbergt angeblich ein Ungeheuer?

142__ Wie heißt die Hauptstadt Italiens?

143__ Welches ist der höchste Berg der Welt?

144__ In welchem Land sind die Rocky Mountains?

145__ Die Städte Los Angeles, San Francisco und San Diego gehören zu ein und demselben amerikanischen Bundesstaat. Wie heißt er?

146__ Welche beiden Kontinente sind miteinander verbunden?

147__ Liegt Kanada südlich oder nördlich des Äquators?

134__ In der Nähe
des Roten Meeres.

135__ Im schottischen Hochland.

136__ In den Niederlanden.

137__ Im Vatikan in Rom.

138__ Hameln.

139__ In Augsburg.

140__ Das Kaspische Meer
östlich vom Kaukasus.

141__ Loch Ness.

142__ Rom.

143__ Der Mount Everest (8.846 m).

144__ In den Vereinigten Staaten von Amerika.

145__ Kalifornien.

146__ Europa und Asien.

147__ Nördlich.

148__ In welcher Stadt schlägt Big Ben die Stunden?

149__ Welche beiden Sprachen spricht man in Wales?

150__ In welchem afrikanischen Staat liegt die Stadt Johannesburg?

151__ Welches europäische Land ist wie ein Stiefel geformt?

152__ Welche Jahreszeit herrscht in Australien, wenn man in München im Juli ein Flugzeug nach Sydney besteigt?

153__ Wie heißt die größte Stadt in Holland?

154__ Was für eine Art Berg ist der Fudschijama?

155__ Ist Athen die Hauptstadt von Ägypten oder von Griechenland?

156__ Auf welcher Insel wird der Hula Hula getanzt?

157__ In welchem Land würde man die Städte Brisbane und Adelaide vermuten?

158__ Welcher indische Bundesstaat ist für seine Wolle bekannt?

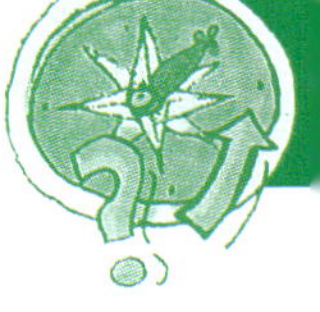

159__ Wie nennt man die langgestreckten Meeresbuchten entlang der Küste Skandinaviens?

160__ In welchem Land finden die „corridas“, die Stierkämpfe statt?

148_ In London.

149_ Englisch und Walisisch.

150_ In Südafrika.

151_ Italien.

152_ Winter.

153_ Amsterdam.

154_ Ein Vulkan.

155_ Von Griechenland.

156_ Auf Hawaii.

157_ In Australien.

158_ Kaschmir.

159_ Fjorde.

160_ Spanien.

161__ Wo steht Westminster Abbey?

162__ Die Hauptstadt welchen Landes ist Ulan Bator?

163__ Welches ist der kleinste Kontinent?

164__ Wo stehen die Pyramiden?

165__ Unter welchem Namen werden Dänemark, Schweden, Norwegen und Finnland zusammengefasst?

166__ In welcher europäischen Großstadt steht das Colosseum?

167__ Welche Sprache spricht man in Mexiko?

168__ Wo steht der Kreml?

169__ Wofür stehen die Sterne auf der amerikanischen Flagge?

170__ Was ist das Wahrzeichen der Stadt Pisa?

171__ An welchem Ozean liegt San Francisco?

172__ Wofür ist die Serengeti berühmt?

173__ Wie hieß der heutige afrikanische Staat Burkina Faso früher?

174__ In welcher amerikanischen Stadt ist die Golden Gate Bridge?

161__ In London.

162__ Die Hauptstadt der Mongolei.

163__ Australien.

164__ Im „Tal der Könige“ in Ägypten.

165__ Skandinavien.

166__ In Rom.

167__ Spanisch.

168__ In Moskau.

169__ Für jeden neuen Staat, der sich den Vereinigten Staaten anschloss, kam ein weiterer Stern hinzu.

170__ Der Schiefe Turm.

171__ Am Pazifik.

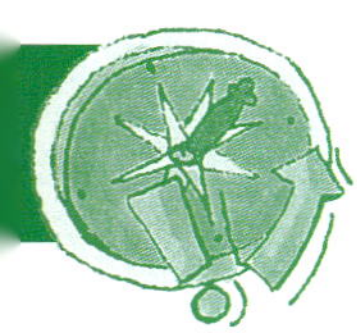

172__ Sie ist ein Nationalpark in Nordtansania mit riesigen Wildreservaten.

173__ Obervolta.

174__ In San Francisco.

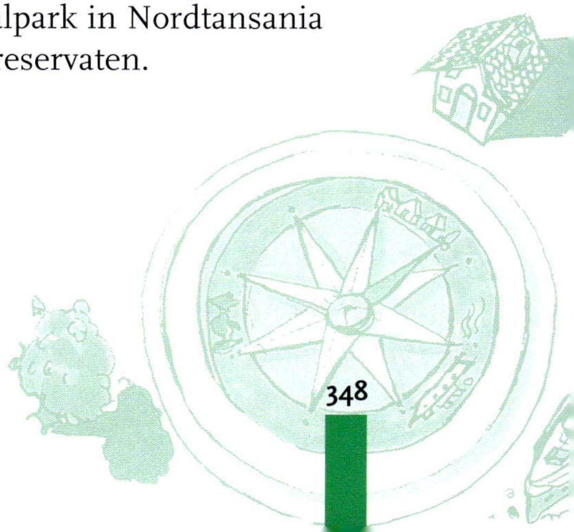

175__ Wie heißt Ägyptens Hauptstadt?

176__ Was ist die Sahara?

177__ Was ist am Mittelmeer so ungewöhnlich?

178__ Welche ehemalige britische Kronkolonie wurde am 1. Juli 1997 an die Volksrepublik China zurückgegeben?

179__ Wie nennt man das zweimal täglich stattfindende Steigen und Fallen des Meeresspiegels?

180__ Wächst ein Stalagmit nach oben oder nach unten?

181__ Was versteht man unter einer Halbinsel?

182__ Was ist eine Eiszeit?

183__ Wie nennt man den metallischen Mittelpunkt der Erde?

184__ Was ist eine Moräne?

185__ Wo gibt es mehr Land: auf der Süd- oder auf der Nordhalbkugel der Erde?

186__ Ist die größte Pyramide westlich der ägyptischen Stadt Gizeh höher oder niedriger als der Stephansdom in Wien?

175__ Kairo.

176__Die größte Wüste der Welt.

177__ Es kennt keine Gezeiten.

178__ Hongkong.

179__Gezeiten.

180__Nach oben.

181__ Ein meist schmales Stück Land,
das ins Meer hineinragt.

182__ Eine Kälteperiode in der Erdgeschichte, in der es durch einen Klimawechsel zu einer ungewöhnlich starken Vereisung kam.

183__ Erdkern.

184__ Von Gletschern geschobene und abgelagerte Wälle aus Schutt und Geröll.

185__ Auf der Nordhalbkugel.

186__Beide Bauten haben die gleiche Höhe: 137 m.

187__ Aus welchem Gestein besteht die Erdoberfläche hauptsächlich, aus Basalt, Eisenerz oder Granit?

188__ Was versteht man unter Permafrost?

189__ In welcher Tiefe liegt der Mittelpunkt der Erde, der Erdkern?

190__ Wie heißt das höchste Gebirge der Welt, dessen Namen auf Sanskrit „Schneewohnstätte“ bedeutet?

191__ Wie nennt man die flache Vertiefung an der Spitze eines Vulkans?

192__ Welcher der Göttin Artemis geweihte Tempel steht auf dem höchsten Punkt der Akropolis in Athen?

193__ Wo spielt Shakespeares romantische Tragödie „Romeo und Julia“?

194__ Wie heißt der berühmte Hafen von Athen, den es seit 2.500 Jahren gibt?

195__ Wie heißt die Hauptstadt von Schleswig-Holstein, die gleichzeitig ein bekannter Ostseehafen an der Kieler Förde ist?

196__ Welche Inselgruppe befindet sich nördlich von Kreta?

197__ Welche australische Insel südlich von Java hat einen ausgesprochen festlichen Namen?

198__ An welchem Fluss liegt Stuttgart?

187__Aus Granit.

188__Ständig gefrorenen Boden.

189__In 6.370 m Tiefe.

190__Der Himalaja, dessen Hauptkette im Durchschnitt 6.000 m hoch ist.

191__Krater.

192__Der Parthenon.

193__In Verona.

194__Piräus.

195__Kiel.

196__Die Kykladen.

197__Die Weihnachtsinsel.

198__Am Neckar.

Leinwand und Fernsehschirm

VON CAPTAIN KIRK BIS HEINZ RÜHMANN

1____Welche deutsche Schauspielerin hatte ihren ersten Erfolg in der Filmkomödie „Abgeschminkt“?

2____Wer sind die zwei gut aussehenden Leinwand-Vampire nach dem Bestseller „Interview mit einem Vampir“ von Anne Rice?

3____ Wie heißt Fred Feuersteins Frau?

4____Wer ist der Hauptdarsteller des Films „Gilbert Grape. Irgendwo in Iowa“?

5____ Welcher Star der Siebziger hatte durch den Film „Pulp Fiction“ von Quentin Tarantino ein überwältigendes Comeback?

6____Wie hieß Oliver Hardys seltsamer Kompagnon?

1____ Katja Riemann.

2____Tom Cruise und Brad Pitt.

3____ Wilma.

4____Johnny Depp.

5____ John Travolta.

6____Stan Laurel.

7____ Welcher Roman wurde bei dem Film „Die Apothekerin“ mit Katja Riemann in der Hauptrolle als Grundlage verwendet?

8____ Welcher Kassenschlager mit Hugh Grant beschäftigte sich mit Hochzeiten und einem Begräbnis?

9____ Eine alte Dame namens Sophie, ein Butler, der ständig stolpert und ehrwürdige Gäste, darunter ein Mr. Winterbottom? Welche überaus beliebte Sendung ergeben diese Zutaten?

10____ Unter welchem extraterrestrischen Namen ist Mr. Leonard Nimoy besser bekannt?

11____ In welchem Film sagt die große Greta Garbo den Satz: „Ich möchte allein sein.“?

12____ Stanley Kubrick drehte einen Film über Alex und die Droogs. Wie war dessen Titel?

13____ Ein Werk von Caroline Link von 1997 bewirbt sich um den Oscar. Wie heißt ihr überaus erfolgreicher Film, der von gehörlosen Menschen handelt?

14____ Wie hieß der Riesenerfolg des Regisseurs und Komikers Woody Allen, in dem Diane Keaton die linkische Annie Hall spielt?

15____ Welchen Beruf übte der ehemalige Präsident Ronald Reagan in der Nachkriegszeit aus?

16____ Durch welche deutsche Seifenoper wurde die Teenie-Boygroup „Caught In The Act“ bekannt?

7____ Der gleichnamige Roman
von Ingrid Noll.

8____ „Vier Hochzeiten und ein Todesfall".

9____ „Dinner For One".

10____ Mr. Spock.

11____ In „Grand Hotel".

12____ „Uhrwerk Orange".

13____ „Jenseits der Stille".

14____ „Der Stadtneurotiker".

15____ Er war Schauspieler,
vorzugsweise in Westernfilmen.

16____ Durch die Serie
„Gute Zeiten, schlechte Zeiten".

17___ Welcher britische Schauspieler wurde bekannt als der blutrünstige Dracula oder der geheimnisvolle Dr. Fu Manchu?

18___ Was sagt ein Regisseur, wenn er die Dreharbeiten unterbrechen will?

19___ An welche Ära der Filmgeschichte erinnert die Schauspielerin Gloria Swanson?

20___ Wo kämpfen die Yedi-Ritter mit Darth Vader?

21___ Steven Spielberg drehte neben zahlreichen Unterhaltungsfilmen auch einen sehr ernsten über die Judenverfolgung in Hitlerdeutschland. Wie hieß dieser Film nach einer wahren Begebenheit?

22___ Welcher Film bekam als Erster in der Filmgeschichte elf Oscars? War es „Vom Winde verweht", „E. T." oder „Ben Hur"?

23___ Warum war „The Jazz Singer" im Jahre 1927 ein Meilenstein der Filmgeschichte?

24___ Welchem Mann haben wir Donald Duck und Micky Mouse zu verdanken?

25___ Wie heißt die begehrteste Filmtrophäe?

26___ In welchem berühmten Western spielte Grace Kelly, die spätere Fürstin von Monaco, die weibliche Hauptrolle?

27___ Wo ist das Zentrum der amerikanischen Filmwelt?

17___ Christopher Lee.

18___ „Schnitt“.

19___ An die Stummfilmzeit.

20___ Im „Krieg der Sterne“.

21___ „Schindlers Liste“.

22___ Ben Hur.

23___ In diesem Film wurde
zum ersten Mal gesprochen.

24___ Walt Disney.

25___ Oscar.

26___ „High Noon“.

27___ Hollywood in Kalifornien.

28___ Was ist ein „Zapper“ oder „Channelsurfer“?

29___ Wie viele Meter Film werden pro Minute für einen Kinofilm verwendet?

30___ Welcher Filmheld isst vor Hunger seinen uralten Schuh?

31___ Sugar, Daphne und Josephine spielen in einer Mädchenband. Nur eine von den dreien ist eine Frau. Welche?

32___ Auf welches Buch geht der gruselige Filmheld Dracula zurück?

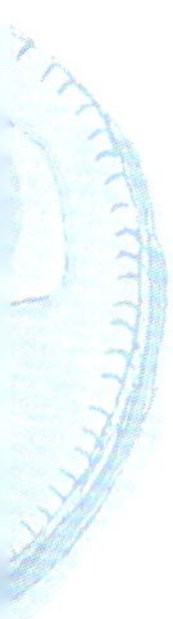

33___ Wann wurde der erste Fernsehsatellit in Betrieb genommen?

34___ Welches putzige Geschöpf aus dem Weltraum wird, in einem Fahrradkorb sitzend, von seinen fliegenden Freunden gerettet?

35___ In welchem Land dreht man die meisten Filme, in Indien, Amerika oder Frankreich?

36___ Was ist die jährlich stattfindende Berlinale?

37___ In welchem berühmten DDR-Film spielte Manfred Krug einen aufmüpfigen Arbeiter?

38___ Wen rettet der galaktische Held Luke Skywalker?

39___ Wie heißt Kommissar Derrick mit Vornamen?

28___ Jemand, der sich mit seiner Fernbedienung ständig durch alle Fernsehkanäle schaltet.

29___ Zirca 27 Meter.

30___ Charlie Chaplin
in „Goldrausch“.

31___ Sugar. Marilyn Monroe spielt sie in der Komödie „Manche mögen's heiß“ von Billy Wilder.

32___ Auf das gleichnamige
Buch von Bram Stoker.

33___ 1983.

34___ E. T.

35___ In Indien.

36___ Das Internationale Filmfest in Berlin.

37___ In „Spur der Steine“.

38___ Prinzessin Leia.

39___ Stephan.

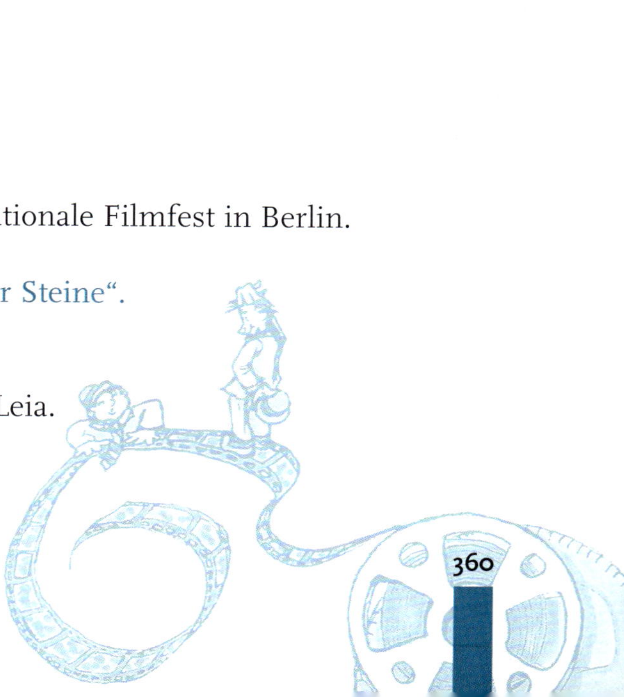

40___Wer spielte die Hauptrollen im Klassiker „Vom Winde verweht“?

41___Welche Filme von Steven Spielberg erweckten ein riesiges Interesse an der urzeitlichen Tierwelt?

42___„Spiel's nochmal, Sam“, Ingrid Bergman und Rick's Café. In welchem Film kommt all dies zusammen?

43___Wie lang ist der Filmstreifen, der für einen 90minütigen Spielfilm verwendet wird?

44___Wer wurde häufiger auf Zelluloid gebannt, Dracula oder Sherlock Holmes?

45___In welchem Film spielt ein überaus gefährlicher Fisch die Hauptrolle?

46___Welches Schweinchen konnte einen internationalen Erfolg verbuchen?

47___Hat schon einmal jemand Mrs. Columbo gesehen?

48___Welcher Schauspieler spielte in Helmut Dietls „Schtonk“ den tintenbärtigen Fälscher der Hitlertagebücher?

49___Wer war die junge Regisseurin des Überraschungserfolgs „Abgeschminkt“?

50___Welcher Charakter zeichnet sich durch einen stets zerknitterten Trenchcoat, eine kalte Zigarre im Mundwinkel und sehr unkonventionelle Detektivmethoden aus?

40___Scarlett O'Hara wurde von Vivien Leigh verkörpert, Rhett Butler von Clark Gable.

41___„Jurassic Park“ und „Lost World“.

42___In „Casablanca“.

43___Etwa 2,5 m.

44___Dracula mit über 200 Filmtiteln. Der Meisterdetektiv Holmes hingegen wurde etwa 150 Mal verfilmt.

45___In „Der weiße Hai“.

46___Babe. Der Film hieß „Ein Schweinchen namens Babe“.

47___Nein, sie wird nie gezeigt, nur liebevoll erwähnt.

48___Uwe Ochsenknecht.

49___Katja von Garnier.

50___Inspector Columbo alias Peter Falk.

51___Welches Sciencefiction-Spektakel wurde 1996 von einem deutschen Regisseur in Amerika erfolgreich inszeniert?

52___Welche große deutsche Schauspielerin wurde als „Mutter der Nation“ bezeichnet?

53___ Wer spielte Kommissar Keller in „Der Kommissar“ aus den Sechzigern?

54___In welchem Film veräppelt der große Charlie Chaplin den Diktator Adolf Hitler auf unnachahmliche Weise?

55___ Wie hieß der äußerst produktive deutsche Regisseur, der neben Spielfilmen wie „Die Ehe der Maria Braun“ auch Fernsehproduktionen wie „Berlin Alexanderplatz“ inszenierte?

56___Wie heißt Deutschlands wohl berühmtester und umstrittenster Fernsehkommissar aus dem Ruhrpott?

57___ Wie heißt der Film, in dem ein kleiner Junge ganz allein Gangstern das Handwerk legt?

58___ Der Schauspieler Fritz Wepper war die rechte Hand des Ermittlers in zwei Kriminalserien. Welchen?

59___Doris Dörries' Beziehungskomödie „Männer“ machte zwei Schauspieler auf einen Schlag berühmt. Wer waren die beiden?

60___Wer spielte Bonnie, wer Clyde?

51___ „Independence Day“
von Roland Emmerich.

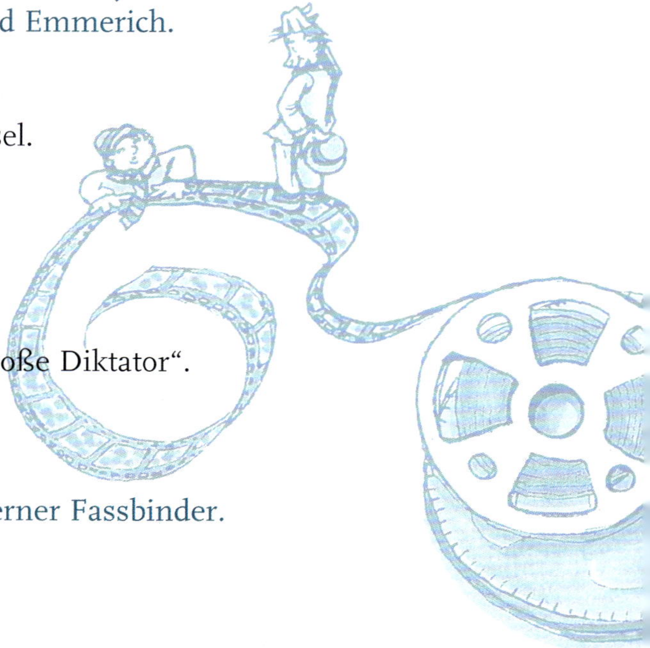

52___ Inge Meysel.

53___ Erik Ode.

54___ In „Der große Diktator“.

55___ Rainer Werner Fassbinder.

56___ Horst Schimanski.

57___ „Kevin – Allein zu Haus“.

58___ Wepper spielte sowohl bei „Der Kommissar“
als auch bei „Derrick“ mit.

59___ Uwe Ochsenknecht
und Heiner Lauterbach.

60___ Faye Dunaway und Warren Beatty.

61___Wie hieß das Enfant terrible des deutschen Films, das in Edgar-Wallace-Krimis ebenso wie als Vampirfürst Nosferatu zu sehen war?

62___„Der bewegte Mann“ wurde nach einem gleichnamigen Comic gedreht. Wer zeichnete ihn?

63___Til Schweiger sollte in einem Spielberg-Film spielen, sagte das Angebot jedoch ab. Ist das wahr?

64___Welche blonde, unnahbare Schauspielerin wurde Fürstin eines kleinen Staates?

65___Auf das Konto welchen Regisseurs gehen erfolgreiche Serien wie „Münchner Gschichtn“ oder „Kir Royal“ und Kinohits wie „Rossini“?

66___In „Paris, Texas“ von Wim Wenders spielt eine deutsche Schauspielerin, die hierzulande schon sehr jung berühmt wurde. Wie heißt sie?

67___Wie hieß Schimanskis Kollege?

68___Wolfgang Petersen drehte einen Welterfolg über die Besatzung eines U-Boots. Wie heißt der Film?

69___„Sein oder Nicht-Sein“ ist eine Tragikomödie, die in der Hitlerzeit spielt. Welcher emigrierte Regisseur drehte dieses Werk in Hollywood?

70___In „Eine Frage der Ehre“ spielen drei weltberühmte Schauspieler mit. Welche?

71___Wie heißt die Partnerin in Loriots Sketchen?

61___ Klaus Kinski.

62___Ralph König.

63___Ja. Das Drehbuch von „Saving Private Ryan“ entsprach nicht seinen Vorstellungen.

64___Grace Kelly heiratete Fürst Rainier und wurde zur Fürstin Gracia Patricia von Monaco.

65___Helmut Dietl.

66___Nastassja Kinski.

67___Thanner.

68___„Das Boot“.

69___Ernst Lubitsch.

70___Tom Cruise, Demi Moore und Jack Nicholson.

71___ Evelyn Hamann.

72___Welcher große Komiker steckt hinter den Filmen „Ödipussi“ und „Pappa Ante Portas“?

73___Wer war einer der berühmtesten Tarzandarsteller?

74___„Yabbadabbadoo“, schreit ein Zeichentrick-männchen mit einer Keule. Wer ist es?

75___Einer der schrägsten Entertainer Deutschlands hält als Doc Snyder die Welt in Atem. Wie heißt „Die singende Herrentorte“, wie er sich auch nennt?

76___Welche Biene kam in Kinderbuch, Zeichentrickfilm und Filmmusik gleichermaßen zu Ehren?

77___Wie heißt „Das hässliche Entlein“ bei den „Munsters“?

78___Auch ein kleiner Wikinger kann ein Comic-Held sein. Wer ist gemeint?

79___In welchem Film von 1997 führte der Schauspieler Tom Hanks erstmals Regie?

80___Welcher Schauspieler verkörperte den Mann mit der riesigen Nase, Cyrano de Bergerac, im gleichnamigen Film?

81___Wer spielte im Melodram „Herr der Gezeiten“ die Hauptrollen?

82___Wie hieß der erste amerikanische Farbfilm?

72___Vicco von Bülow, genannt Loriot.

73___Der Athlet und Goldmedaillengewinner Johnny Weissmüller.

74___Fred Feuerstein.

75___Helge Schneider.

76___Die Biene Maja.

77___Marilyn.

78___Wickie.

79___„That Thing You Do“.

80___Gérard Depardieu.

81___Barbra Streisand und Nick Nolte.

82___„The Wizard Of Oz“, bekannt bei uns als „Das wunderbare Land“.

83___Roman Polanski drehte eine köstliche Persiflage auf den Vampirfilm. Wie hieß das knoblauchstrotzende Werk?

84___Wie heißt der berühmte Vater des Schauspielers Michael Douglas?

85___Sergeij Eisensteins Stummfilm schrieb Filmgeschichte. Wie lautete der Titel dieses Films?

86___Wie hieß die nach New York eingewanderte Maus in dem Filmerfolg von 1986?

87___Sergio Leone prägte den Italo-Western. Wie heißt der berühmteste dieses Genres, dessen Filmmusik zu einem Welterfolg wurde?

88___Sie war klein und frech und spielte wunderbar an der Seite des großen Karl Valentin. Wer war's?

89___Coole Kids fanden den Film „Clerks – Die Ladenhüter" super. Wie alt war der Regisseur Kevin Smith?

90___Welcher große italienische Schauspieler und Herzensbrecher starb 1997?

91___Zu welcher lehrreichen Sendung gehören Käpt'n Blaubär und Hein Blöd?

92___Wie hieß das chaotische Wesen aus dem All, das eine ganze Familie total durcheinanderbrachte?

93___Welche Schauspielerin wurde zum „Stadtgespräch"?

83___ „Tanz der Vampire“.

84___Kirk Douglas.

85___ „Panzerkreuzer Potemkin“.

86___„Feivel, der Mauswanderer“.

87___ „Spiel mir das Lied vom Tod“
mit Charles Bronson in der Hauptrolle.

88___Liesl Karlstadt.

89___Er war 24 Jahre alt.

90___Marcello Mastroianni.

91___ Zu „Die Sendung mit der Maus“.

92___Alf.

93___Katja Riemann.

94 Mit welchem Film gelang Tom Hanks sein absoluter Durchbruch?

95 Wer hört traurig und verliebt „Kein Schwein ruft mich an“ in der Badewanne?

96 Welcher Schauspieler meuterte auf der Bounty und terrorisierte als Oberst Kurtz?

97 Konnte Tom Hanks für den Film „Forrest Gump“ 1995 einen Oscar entgegennehmen?

98 Wann tauchte der rührende Außerirdische E. T. in der Öffentlichkeit auf?

99 Wie heißt der wohl berühmteste Stummfilm des großen Regisseurs Fritz Lang?

100 Gerhard Polt, Evelyn Hamann, Dieter Hildebrand und viele andere brillierten in einem satirischen Film, der am letzten Tag des bayerischen Faschings spielt. Wie heißt er?

101 Sie war eine treue, tapfere Colliehündin und bellte Fernsehgeschichte. Wie war ihr Name?

102 In welchen erfolgreichen Sciencefiction-Filmen der Neunziger hatte der Rapper Will Smith eine Hauptrolle?

103 Wer war die aufregendste Blondine bei „Baywatch“?

104 Aus welcher skurrilen Zeichentrickfamilie stammen Marge, Bart, Lucy und Homer?

94___Mit „Forrest Gump“.

95___Joachim Król
in „Der bewegte Mann“.

96___Marlon Brando.

97___Ja.

98___Im Jahre 1981.

99___„Metropolis“.

100___„Kehraus“.

101___Lassie.

102___„Independence Day“
und „Men in Black“.

103___Pamela Anderson.

104___Aus „Die Simpsons“.

105_ Jeder Fernsehzuschauer kennt Mutter Beimer. Woher?

106_ Was haben Hans Meiser, Ilona Christen und Margarethe Schreinemakers gemeinsam?

107_ Welche überaus erfolgreiche Hollywoodschauspielerin macht sich in dem Film „Contact“ ganz allein auf in die Weiten des Weltalls?

108_ Der Schreinermeister Eder hat einen kleinen, rothaarigen Gast in seinen Hobelspänen. Wie heißt das Kerlchen?

109_ In welcher deutschen Seifenoper verlieben sich Bruder und Schwester unwissentlich ineinander?

110_ Er ist ein deutscher Showmaster mit blonder Löwenmähne, wettet gern und erfreut sich großer Beliebtheit. Wer ist's?

111_ Wer ist Jürgen Fliege?

112_ Zu welcher Gelegenheit lädt der urige Karl Moik das Fernsehpublikum?

113_ Welcher Begriff kam mit der VIVA-Moderatorin Heike Makatsch auf?

114_ Welchen Film drehte der Altmeister des Thrillers, Alfred Hitchcock, mit James Stewart und Kim Novak im Jahre 1958?

115_ Wer ist der klügste Delfin auf dem Fernsehschirm?

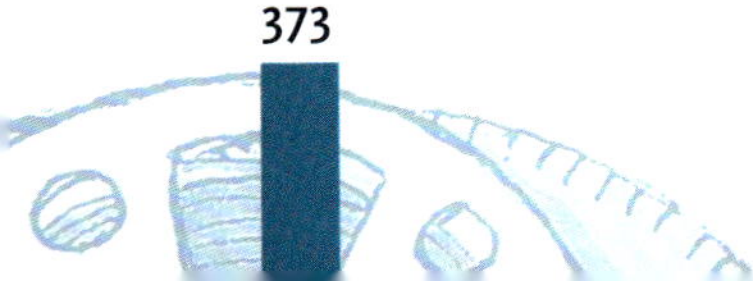

105__ Aus der „Lindenstraße“.

106__Sie moderieren Talkshows.

107__ Jodie Foster.

108__Pumuckl.

109__„Verbotene Liebe“.

110__ Thomas Gottschalk.

111__ Ein Fernsehpastor und Talkmaster.

112__ Zum „Musikantenstadel“.

113__ Girlie.

114__ „Vertigo – Aus dem Reich der Toten“.

115__ Flipper.

116__ Zwei unnachahmliche Gentlemen mit detektivischem Spürsinn und flotten Sprüchen waren als „Die Zwei“ ein tolles Team. Wie hießen die Schauspieler?

117__ Ein berühmtes Buch von Heinrich Harrer wurde mit Brad Pitt in der Hauptrolle verfilmt. Wo spielt dieses Werk?

118__ Papa Cartwright und seine drei Söhne Hoss, Adam und Little Joe lebten auf der Ponderosa. Wie heißt diese bis heute berühmte Serie?

119__ Wer war der Star von „Miami Vice“ und der Ex-Ehemann der Schauspielerin Melanie Griffith?

120__ Welcher deutsche Entertainer kocht zusammen mit Deutschlands Prominenz und schreibt sehr erfolgreiche Kochbücher?

121__ Der gerissene J. R. Ewing, Sue Ellen und die naive Lucy litten und intrigierten in welcher Fernsehserie?

122__ Die Schauspielerin Brooke Shields spielte in einem Film von Loius Malle als Teenager ihre erste Hauptrolle. Welchen Titel hatte der Film?

123__ Welcher Charakter wurde durch seine übelriechenden Socken und ätzenden Kommentare ein echter Serienheld?

124__ Welche vier Brüder, die ihr Unwesen in der Oper oder im Kaufhaus trieben, gehören bis heute zu den chaotischsten und lustigsten Komikern?

116__ Roger Moore
und Tony Curtis.

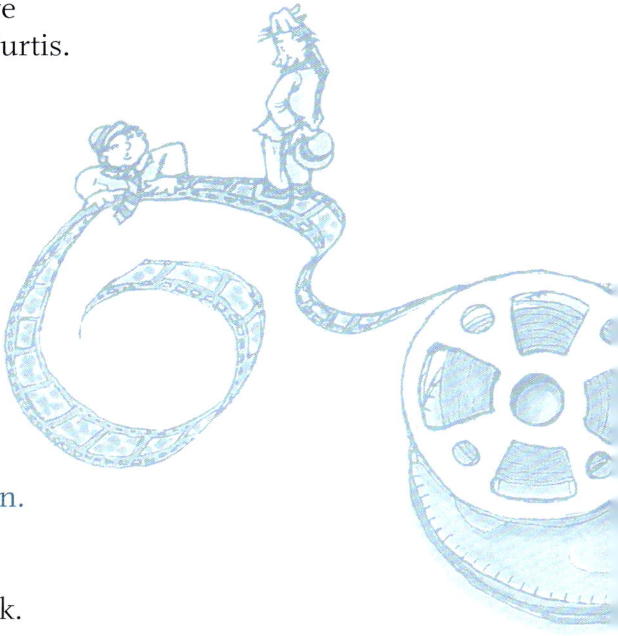

117__ In Tibet.

118__ „Bonanza“.

119__ Don Johnson.

120__ Alfred Biolek.

121__ In „Dallas“.

122__ „Pretty Baby“.

123__ Al Bundy.

124__ Die Marx Brothers.

125__ Zwei beherzte Mäuschen lösen so manchen kniffligen Fall. Welcher Zeichentrickfilm ist gemeint?

126__ Wer sind Baby Schimmerlos, Mona und Trude von Unruh?

127__ Der Film „Das Superweib“ gab einer bis dahin eher unbekannten Schauspielerin eine große Chance. Wie heißt sie?

128__ Man kannte und schätzte Joan Collins als Biest Alexis. In welcher Serie konnte man die schöne Intrigantin bewundern?

129__ Eine listige Maus entkommt einer rachsüchtigen, aber tollpatschigen Katze immer wieder. Wie heißen die beiden Zeichentrickfiguren?

130__ Wer spielte die Hauptrollen in dem Zwerchfell erschütternden Streifen „Der Firmling“?

131__ Wer schrieb den ergreifenden Titelsong des Films „Free Willy“?

132__ Was ist der Unterschied zwischen der Sesamstraße und der Lindenstraße?

133__ Welche Berufung verbindet die Schauspieler Sigmar Solbach und Klaus-Jürgen Wussow?

134__ Welcher Film des großen Regisseurs Orson Welles ging als einer der besten Filme in die Filmgeschichte ein?

125__ „Bernard und Bianca“.

126__ Charaktere aus dem herrlichen Film „Kir Royal“ von Helmut Dietl.

127__ Veronica Ferres.

128__ In „Denver-Clan“.

129__ Tom und Jerry.

130__ Karl Valentin und Liesl Karlstadt.

131__ Michael Jackson.

132__ Die Sesamstraße ist eine ausgesprochene Kindersendung, die Lindenstraße eine der ältesten deutschen Fernsehserien.

133__ Beide sind vor allem als Fernsehärzte bekannt, als Dr. Stefan Frank und Dr. Brinkmann.

134__ „Citizen Kane“.

135__ In welcher Krimiserie ermitteln die Schauspieler Horst Tappert und Fritz Wepper?

136__ Er war der jüngste Sohn von Ben Cartwright in „Bonanza“, hatte schließlich noch „Unsere kleine Farm“ und starb früh. Wer war's?

137__ Wer ist der Winnetou-Darsteller schlechthin und reitet bis heute tapfer auf den Karl-May-Festspielen?

138__ In welchem Film von Steven Spielberg hatte Whoopi Goldberg ihren ersten großen Erfolg?

139__ Welcher kleine Junge aus einem Zeichentrickfilm pflegt auf Wildgänsen zu reiten?

140__ Welches sind die beiden größten Musiksender im Fernsehen?

141__ Welche üppige Schauspielerin stieg für den Regisseur Federico Fellini im Abendkleid in den römischen Trevibrunnen?

142__ Wie heißt der Schreinermeister, in dessen Werkstatt der Kobold Pumuckl seine Streiche spielt?

143__ In welchem unvergesslichen Film hat der tanzende Anthony Quinn seine wohl beste Rolle?

144__ Wie hieß der schlechteste Sciencefiction-Regisseur aller Zeiten?

145__ Wer spielte Winnetous Blutsbruder, den markigen Old Shatterhand?

135__ In „Derrick“.

136__ Michael Landon.

137__ Pierre Brice.

138__ In „Die Farbe Lila“.

139__ Nils Holgersson.

140__ MTV und VIVA.

141__ Anita Ekberg in „La Dolce Vita“.

142__ Meister Eder.

143__ In „Alexis Sorbas“.

144__ Ed Wood.

145__ Lex Barker.

146__ Eine britische Komödie, in der sich komische Verzweiflung und Striptease nicht ausschließen, ist der Hit der späten Neunziger. Was ist sein Motto?

147__ Welche Musikanten präsentieren Marianne und Michael, lustige oder traurige?

148__ Wer spielte seine Streiche in der „Feuerzangenbowle“ als „Schööler“ Pfeiffer?

149__ Welcher bekannte österreichische Sänger spielte im Remake „Charleys Tante“?

150__ Uschi Glas spielt heute die Rolle der patenten, wackeren Frau. Wie wurde sie dem deutschen Kinopublikum bekannt?

151__ Wer ist der sommersprossige Bud?

152__ Wie hieß der märchenhafte Mann mit der Melone und dem Regenschirm?

153__ Wer ist die kluge Bella Block?

154__ Wie hießen die beiden Couchkartoffeln und Zeichentrick-Ekel, die für alles nur vernichtende Kommentare übrig hatten?

155__ Wen liebt die rosige Miss Piggy ganz unverdrossen?

156__ Durch welchen Spielfilm wurde Andie McDowell bekannt?

146__ „Ganz oder gar nicht“.

147__ Die „Lustigen Musikanten“.

148__ Heinz Rühmann.

149__ Peter Alexander.

150__ Als Hauptdarstellerin in May Spils' Komödie „Zur Sache, Schätzchen“ aus den Sechzigern.

151__ Der Freund des Delfins Flipper.

152__ Pan Tau.

153__ Eine der Kommissarinnen der „Tatort“-Reihe, gespielt von Hannelore Hoger.

154__ Beavis und Butthead.

155__ Den grünen Frosch Kermit aus der „Sesamstraße“.

156__ Durch „Sex, Lügen und Videotapes“.

157__ Wer spielte den mutigen Abenteurer Indiana Jones?

158__ Welches listige und starke gallische Zeichentrickgespann kommt aus dem Dorf Kleinbonum?

159__ Die spannenden Durbrigde-Krimis waren in den Siebzigern Straßenfeger. Wer verriet in der Presse leider schon vorab den „Halstuchmörder"?

160__ Wer spielte neben Til Schweiger die männliche Hauptrolle in „Der bewegte Mann"?

161__ Ein schwarzes Pferd war ein Fernsehheld. Wie hießen Tier und Serie?

162__ Welcher Kultstar mit dem bürgerlichen Namen Rowan Atkinson verkörpert in seinen genialen Sketchen rabenschwarzen britischen Humor?

163__ Mit wem bekommt Werner wegen einer schönen Frau Zoff in „Das muss kesseln!!!"?

164__ Welche britische Komikertruppe verbirgt sich hinter den „Rittern der Kokosnuss"?

165__ Wer wurde als Schrecken von Saint Tropez und als Heiratsmuffel weltberühmt?

166__ In welchem Film spielt „Schorsch" die Hauptrolle einer DDR-Automarke mit Herz?

167__ In welcher deutschen Filmkomödie spielen Til Schweiger und Detlev Buck zwei Knastbrüder, die von hübschen Mädchen „resozialisiert" werden?

157__ Harrison Ford.

158__ Asterix und Obelix.

159__ Der Kabarettist Wolfgang Neuss, der „Mann mit der Pauke“.

160__ Joachim Król.

161__ „Fury“.

162__ Mr. Bean.

163__ Mit Nobelschröder.

164__ Monty Python.

165__ Louis de Funès.

166__ In „Go, Trabi, go“.

167__ In „Männerpension“.

Lexikonquiz

RICHTIG GERATEN ODER AUF BLÜHENDEN UNSINN HEREINGEFALLEN?

1___ ABRAXAS

a) Steinzeitlicher Urvogel
b) Zauberwort
c) Privatflügel eines Sultanspalastes
d) Hauptstern im Sternbild „Fuhrmann“

2___ ABSOLUTISMUS

a) Rechthaberisches Gebaren
b) Sündenvergebung
c) Krankhafte Ichbezogenheit
d) Uneingeschränkte Herrschaft eines Monarchen

3___ ACCESSOIRE

a) Nagelpflegeetui
b) Umlegekragen aus Fuchsfell
c) Modisches Zubehör
d) Aufwändige Rahmenvergoldung

4___ ACHTENDER

a) Vorratswagen der Dampflokomotive für Kohle und Wasser
b) Hirsch mit acht Geweihenden
c) Ruderpinne auf dem Achterdeck
d) Rudersportler

1___ ABRAXAS

b) Zauberwort

3__ACCESSOIRE

c) Modisches Zubehör

2___ ABSOLUTISMUS

d) Uneingeschränkte Herrschaft eines Monarchen

4___ ACHTENDER

b) Hirsch mit acht Geweihenden

5___ ADLATUS

a) Gehilfe, Helfer
b) Höhenzug im Salzkammergut
c) Held der griechischen Sage
d) Helligkeitsregler

6___ ADREMA

a) Südamerikanische Lianenart
b) Kurzwort für eine Adressiermaschine
c) Mathematischer Lehrsatz
d) Astronomische Einheit

7___ AGORAPHOBIE

a) Unterart der burmesischen Weberspinne
b) Wolkenformation
c) Platzangst beim Überqueren freier Plätze
d) Schwanzlurch

8___ BERSERKER

a) Kampfhund
b) Bergmassiv im Kaukasus
c) Blindwütig tobender Mensch
d) Kleiner Schmuck an Uhrketten

9__BESSEMERBIRNE

a) Technische Anlage zur Stahlgewinnung
b) Braubottich aus Edelstahl
c) Südtiroler Birnensorte
d) Birnenförmiges Reagenzglas

10__ BEUTLER

a) Magenstein von Wiederkäuern
b) Mittelalterlicher Zunftberuf
c) Beuteltier
d) Variante des bayerischen Watschentanzes

11__BIBLIOMANE

a) Bearbeiter einer Bibliographie
b) Nachtwandler
c) Büchernarr
d) Bibel- bzw. Schriftenforscher

12__BISTEN

a) Lockruf der Haselhenne
b) Veraltend für flaches Feld
c) Fastenritual aus Kärnten
d) Behelfsmäßiges Nachtlager im Freien

5__ADLATUS

a) Gehilfe, Helfer

6__ ADREMA

b) Kurzwort für eine Adressiermaschine

7__AGORAPHOBIE

c) Platzangst beim Überqueren freier Plätze

10___BERSERKER

c) Blindwütig tobender Mensch

11__ BESSEMERBIRNE

a) Technische Anlage zur Stahlgewinnung

10__BEUTLER

c) Beuteltier

11__ BIBLIOMANE

c) Büchernarr

12__ BISTEN

a) Lockruf der Haselhenne

13__BOLID

a) Vulkangestein
b) Schwerer Rennwagen
c) Feuerwerkskörper
d) Landschaftlich für Quaste

14__CABALLERO

a) Zylinderhut
b) Südamerikanischer Rancher
c) Spanischer Edelmann, Ritter
d) Höchster Berg Boliviens (3.669 m)

15__CAMOUFLAGE

a) Spitzenbesatz an Männerhemden
b) Militärische Tarnung
c) Französische Blumenkohlsorte
d) Bühnenabdeckung

16__CATERPILLAR

a) Vorbote des griechischen Meltemi-Windes
b) Berühmter Obelisk in Madrid
c) Raupenschlepper
d) Vorsprungsverlust beim Trabrennen

17__CHARISMA

a) Hauptkloster des Kartäuserordens
b) Weinschaumsoße
c) Besondere Ausstrahlung
d) Verfassungsurkunde im Staats- und Völkerrecht

18__CORNICHON

a) Dickwandige Erbsenmuschel
b) Scherzhaft-satirisches Lied
c) Kleine Pfeffergurke
d) Gepökeltes Büchsenrindfleisch

19__DAKOTA

a) Japanischer Automobilhersteller
b) Flusskatamaran
c) Angehöriger eines nordamerikanischen Indianerstammes
d) Fingerabdruck

20__DAU

a) Hölzernes Zielstück beim Eisschießen
b) Zwei Augen beim Würfelspiel
c) Arabisches Segelschiff
d) Trocken- bzw. Röstvorrichtung

13__BOLID

b) Schwerer Rennwagen

14__CABALLERO

c) Spanischer Edelmann, Ritter

15__CAMOUFLAGE

b) Militärische Tarnung

16__CATERPILLAR

c) Raupenschlepper

17__CHARISMA

c) Besondere Ausstrahlung

18__CORNICHON

c) Kleine Pfeffergurke

19__DAKOTA

c) Angehöriger eines nordamerikanischen Indianerstammes

20__DAU

c) Arabisches Segelschiff

21__ DEBAKEL

a) Verteidigung, Abwehr
b) Spektakuläres Ereignis
c) Erstes Auftreten
d) Zusammenbruch, Niederlage

22__ DEFÄTISMUS

a) Französische Literaturrichtung
b) Preisverfall
c) Hoffnungslosigkeit
d) Abklingen einer Krankheit

23__ DIVIDIVI

a) Gerbstoffreiche Schoten einer tropischen Pflanze
b) Familie der Fleckenfalter
c) Inselgruppe im Indischen Ozean
d) Geschosse mit sprengstoffartiger Wirkung

24___ELDORADO

a) Kolumbianische Giftpflanze
b) Mexikanisches Pfannengericht
c) Sagenhaftes Goldland in Südamerika
d) Bittformel im Gottesdienst

25__ ELIXIER

a) Duftende Substanz aus Moschusöl
b) Brechmittel
c) Ort der Seeligen
d) Zaubertrank, Heiltrank

26__ EMIR

a) Russischer Zwergfalke
b) Oldtimer
c) Asiatischer Fürstentitel
d) Abgesandter mit geheimem Auftrag

27__ ESKAPADE

a) Reiterformation
b) Schulterstück der Uniform
c) Mutwilliger Streich
d) Erhöhter Fußboden

28__ EPIKUR

a) Zeitabschnitt
b) Griechischer Philosoph
c) Fleisch fressender Blätterkaktus
d) Bischöflicher Erlass

29__ FAKSIMILE

a) Knotenknüpftechnik
b) Gehäkelter Untersatz
c) Getreue Nachbildung einer Vorlage
d) Indisches Lendentuch

21__DEBAKEL

d) Zusammenbruch, Niederlage

22__DEFÄTISMUS

c) Hoffnungslosigkeit

23__DIVIDIVI

a) Gerbstoffreiche Schoten einer tropischen Pflanze

24__ELDORADO

c) Sagenhaftes Goldland in Südamerika

25__ELIXIER

d) Zaubertrank, Heiltrank

26__EMIR

c) Asiatischer Fürstentitel

27__ESKAPADE

c) Mutwilliger Streich

28__EPIKUR

b) Griechischer Philosoph

29__FAKSIMILE

c) Getreue Nachbildung einer Vorlage

30__ FAIBLE

a) Sitzmöbel aus dem Rokoko
b) Schwäche, Neigung, Vorliebe
c) Behälter für Damenhandschuhe
d) Geschäft mit glücklichem Ausgang

31__ FATA MORGANA

a) Durch Luftspiegelung verursachte Täuschung
b) Orientalisches Marktviertel
c) Eliteeinheit bei der Fremdenlegion
d) Einkeimblättrige Orchideenart

32__ FJÄLL

a) Polarfuchs
b) Hundeschlitten der Inuit
c) Isländischer Großgletscher
d) Baumlose Hochfläche in Skandinavien

33__ FUNGIZID

a) Nervengas
b) Kugelförmiger Auswuchs an Blättern
c) Mittel zur Pilzbekämpfung
d) Fichtenharz

34__GALOSCHE

a) Schweizerisch für Geröllhalde
b) Ein Streichinstrument
c) Mittelalterliches Segelkriegsschiff
d) Überschuh

35__GASTRÄA

a) Angenommenes Urdarmtier
b) Doppelstern im Sternbild „Walfisch“
c) Veredelter Zierpflanzenstrauch
d) Griechische Sagengestalt

36__ GIMMICK

a) Ein Baumwollstoff
b) Einwärts gebogene Seite des Rahsegels
c) Ostasiatische Pflanze mit heilkräftiger Wurzel
d) Werbegag, Werbegeschenk

37__ GLENCHECK

a) Regenmantel
b) Gewebe; großflächiges Karomuster
c) Schottischer Hochlandclan
d) Englischer Nebenfluss der Tyne

30__ FAIBLE

b) Schwäche, Neigung, Vorliebe

31__ FATA MORGANA

a) Durch Luftspiegelung verursachte Täuschung

32__ FJÄLL

d) Baumlose Hochfläche in Skandinavien

33__FUNGIZID

c) Mittel zur Pilzbekämpfung

34__GALOSCHE

d) Überschuh

35__ GASTRÄA

a) Angenommenes Urdarmtier

36__GIMMICK

d) Werbegag, Werbegeschenk

37__ GLENCHECK

b) Gewebe; großflächiges Karomuster

38__ GORALLE

a) Unbeholfener Trappenvogel
b) Angehöriger der polnischen Bergbevölkerung in den Beskiden
c) Drachenbaum auf den Kanarischen Inseln
d) Stechender, holziger Pflanzenteil

39__ HANGAR

a) Isländischer Fjord
b) Brustpanzer
c) Flugzeughalle
d) Gleitschirm

40__ HAVARIE

a) Tiefenbestrahlung zur Behandlung von Geschwulstkrankheiten
b) Unfall von Schiffen und Flugzeugen
c) Dauerhafte halbseitige Lähmung
d) Ausfuhrgarantie der deutschen Bundesregierung

41__ HERBARIUM

a) Verzeichnis von Tonwerken
b) Quecksilbersalz der Knallsäure
c) Duftbad in römischen Thermen
d) Sammlung getrockneter Pflanzen

42__ HIEROGLYPHE

a) Lianenähnliche Faserranke
b) Bilderschriftzeichen
c) Hirnanhangdrüse
d) Altes hölzernes Signalgerät

43__ HOMUNKULUS

a) Oberster Teil der Juraformation
b) Gelbhalsmaus
c) Künstlich erzeugter Mensch
d) Frühzeitlicher Märtyrer

44__ IDIOTIKON

a) Schweizerischer Kanton
b) Gesamtheit der Erbanlagen
c) Pflanzen fressendes Zwergmammut
d) Mundartwörterbuch

38_GORALLE

b) Angehöriger der polnischen Bergbevölkerung in den Beskiden

39_HANGAR

c) Flugzeughalle

40_HAVARIE

b) Unfall von Schiffen und Flugzeugen

41_HERBARIUM

d) Sammlung getrockneter Pflanzen

42_HIEROGLYPHE

b) Bilderschriftzeichen

43_ HOMUNKULUS

c) Künstlich erzeugter Mensch

44_IDIOTIKON

d) Mundartwörterbuch

45__ IKEBANA

a) Kunst des Blumensteckens
b) Japanische Gartenanlage
c) Teppichknüpftechnik mit Überhandknoten
d) Saffianähnliches Ziegenleder

46__ ILLUMINAT

a) Festbeleuchtung
b) Anhänger verschiedener früherer Geheimbünde
c) Beleuchter beim Film
d) Vorbeter in der Moschee

47__ IMPRESARIO

a) Pressechef eines großen Verlagshauses
b) Theater-, Konzertagent
c) Vermerk am Anfang von Handschriften
d) Vorsänger in Madrigalchören

48__ INDIGO

a) Fluss in Botswana
b) Kristallin-körniger Kalkstein
c) Blauer Farbstoff
d) Altägyptischer Grabbau

49__ JATAGAN

a) Gekrümmter Türkensäbel
b) Milchsaft des Melonenbaumes
c) Blassgrüner Schmuckstein
d) Mongolische Kriegerkaste

50__ JETLAG

a) Rückwärtsschritt beim Stepptanz
b) Beschwerden nach schnellem Überfliegen mehrerer Zeitzonen
c) Düsenstrom
d) Künstlich erzeugte Wasserfontäne

51__ JUJUBE

a) Gattung spinatähnlicher Unkräuter
b) Roh behauene Steinsäule
c) Ein Strauch, eine Beere
d) Perlenauster Neuseelands

52__ JOTA

a) Steuerquote
b) Süßer Kaffeelikör
c) Griechischer Buchstabe
d) Maßeinheit für Energie

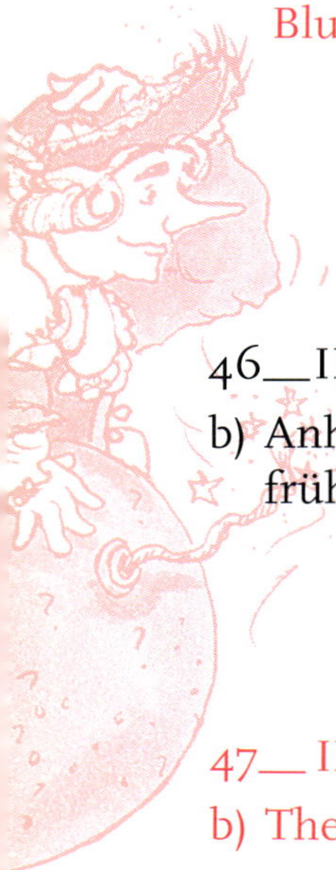

45__ IKEBANA

a) Kunst des Blumensteckens

46__ILLUMINAT

b) Anhänger verschiedener früherer Geheimbünde

47__ IMPRESARIO

b) Theater-, Konzertagent

48__INDIGO

c) Blauer Farbstoff

49__JATAGAN

a) Gekrümmter Türkensäbel

50__ JETLAG

b) Beschwerden nach schnellem Überfliegen mehrerer Zeitzonen

51__ JUJUBE

c) Ein Strauch, eine Beere

52__JOTA

c) Griechischer Buchstabe

53__KAFTAN

a) religiöses Werk des Islam
b) Seidenbluse mit Borten
c) Obergewand der orthodoxen Juden
d) Glätt-, Prägemaschine

54__KALIF

a) Ein Gewebe
b) Fürstenberater
c) Kalkspat
d) Ehemaliger Titel morgenländischer Fürsten

55__KALUMET

a) Pferdegeschirr
b) Friedenspfeife der nordamerikanischen Indianer
c) Angehöriger des Kalum-Geheimbundes
d) Fischbehälter

56__KAPELLA

a) Stern im Sternbild „Fuhrmann"
b) Gesang ohne Musikbegleitung
c) Gewölbekeller in einer Moschee
d) Übergaberitual einer Festung

57__ LABSKAUS

a) Wiesenkraut
b) Graskarpfen
c) Eintopfgericht
d) Robbenpelz

58__ LAGUNE

a) Landstreifen
b) Salzlösung zum Einlegen
c) Wanderdüne
d) Englischer Modetanz

59__ LASUR

a) Roter Verwitterungsboden
b) Durchsichtige Farbschicht
c) Berittener Palastwächter
d) Abschnitt der Eisenzeit

60__LIBRETTO

a) Sizilianische Süßspeise
b) Mittlere Stimmlage
c) Großes Trinkwasserfass
d) Textbuch von Opern

61__ LOIPE

a) Erdbeerähnlich schmeckende Frucht
b) Langlaufbahn beim Skisport
c) Kalkhaltige Ablagerung des Pleistozäns
d) Flüssiges Reinigungsmittel

53__KAFTAN

c) Obergewand der orthodoxen Juden

54__KALIF

d) Ehemaliger Titel morgenländischer Fürsten

55__KALUMET

b) Friedenspfeife der nordamerikanischen Indianer

56__KAPELLA

a) Stern im Sternbild „Fuhrmann“

57__LABSKAUS

c) Eintopfgericht

58__LAGUNE

a) Landstreifen

59__LASUR

b) Durchsichtige Farbschicht

60__LIBRETTO

d) Textbuch von Opern

61__LOIPE

b) Langlaufbahn beim Skisport

62__MÄANDER

a) Griechischer Halbgott
b) Mausgrauer Schnellkäfer
c) Geschlängelter Flusslauf, bandförmiges Element
d) Gatte der Hero

63__MAGMA

a) Magnesiumoxid
b) Gesteinschmelzfluss im Erdinnern
c) Heilkunst durch magnetische Kräfte
d) Höchster Teil der Atmosphäre

64__MALHEUR

a) Französischer Volkswirtschaftler
b) Kleines Missgeschick, Unglück
c) Gedenksäule
d) Ungünstiger Moment

65__MANNA

a) Christliche Märtyrerin
b) Vom Himmel gefallenes Brot der Israeliten
c) Pfefferschote
d) Spinnfaser der philippinischen Faserbanane

66__MÄZEN

a) Getrocknete Samenhülle des Muskatnussbaumes
b) Kunstfreund, freigebiger Gönner
c) Ungesäuertes Passahbrot der Juden
d) Parteifreund

67__NABOB

a) Griechische Sagengestalt
b) Mitteleuropäische Saatgans
c) Provinzgouverneur in Indien; reicher Mann
d) Stangengewürz

68__NANDU

a) Indonesische Flussmuschel
b) Füllstoff für Benzinbrandbomben
c) Ein Milliardstel einer Einheit
d) Südamerikanischer straußenähnlicher Laufvogel

69__NAUTIK

a) Glänzendes Gewebe
b) Nashornkäfer
c) Schifffahrtskunde
d) Lederkajak der Eskimos

62__MÄANDER

c) Geschlängelter Flusslauf, bandförmiges Element

63__MAGMA

b) Gesteinschmelzfluss im Erdinnern

64__MALHEUR

b) Kleines Missgeschick, Unglück

65__MANNA

b) Vom Himmel gefallenes Brot der Israeliten

66__MÄZEN

b) Kunstfreund, freigebiger Gönner

67__NABOB

c) Provinzgouverneur in Indien; reicher Mann

68__NANDU

d) Südamerikanischer straußenähnlicher Laufvogel

69__NAUTIK

c) Schifffahrtskunde

70__NIBLICK

a) Prisma zur Polarisation des Lichts
b) Golfschläger mit Eisenkopf
c) Höhenzug im Pfälzer Wald
d) Instrumententasche aus Baumwollstoff

71__NOMADE

a) Musikstück für neun Instrumente
b) Angehöriger eines Hirten-, Wandervolkes
c) Käferlarve
d) Schwedischer Polarforscher

72__OBELISK

a) Schwertfisch
b) Parlamentsbeschluss
c) Stadt in Nordwestsibirien
d) Vierkantige, nach oben spitz zulaufende Säule

73__OKAPI

a) Halbedelstein
b) Brotfruchtbaum
c) Kurzhalsige Giraffenart
d) Volk im Sudan

74__OUTBACK

a) Hauptstadt von Tasmanien
b) Das Landesinnere Australiens
c) Nordostwind
d) Football-Spieler

75__OVATION

a) Begeisterter Beifall
b) Verknöcherung
c) Mittelalterliches Gottesurteil
d) Militärischer Befehl

76__OXID

a) Altrömischer Dichter
b) Schwarzer Schmuckstein
c) Sauerstoffverbindung
d) Lichtsinnesorgan bei Spinnen

77__PAGE

a) Erzieher, Lehrer
b) Hoteldiener
c) Stehkragen
d) Gangart des Pferdes

78__PAILLETTE

a) Hustenpastille
b) Silberfischchen
c) Altfranzösischer Paartanz
d) Glitzerndes Metallplättchen zum Aufnähen

70__NIBLICK

b) Golfschläger mit Eisenkopf

71__NOMADE

b) Angehöriger eines Hirten-, Wandervolkes

72__OBELISK

d) Vierkantige, nach oben spitz zulaufende Säule

73__OKAPI

c) Kurzhalsige Giraffenart

74__OUTBACK

b) Das Landesinnere Australiens

75__OVATION

a) Begeisterter Beifall

76__OXID

c) Sauerstoffverbindung

77__PAGE

b) Hoteldiener

78__PAILLETTE

d) Glitzerndes Metallplättchen zum Aufnähen

79_PARADIGMA

a) Indischer Tragsessel
b) Beispiel, Muster
c) Bartflechte
d) Fruchtsäure

80_PARABEL

a) Niederländischer Landschaftsmaler
b) Prunkvoller Aufmarsch
c) Gleichnis, Kegelschnittkurve
d) Pistole mit Selbstladevorrichtung

81_PERESTROIKA

a) Schmerzhafte Entzündung des Oberlids
b) Vierspännige Kutsche
c) Umschlagtuch der russischen Bäuerin
d) Umbau, Umbildung

82_PERISKOP

a) Kleinteleskop
b) Griechische Heldenbüste
c) Fernrohr für Unterseeboote
d) Konzentrierter Pflanzenextrakt

83_QUADRANT

a) Vierfüßler
b) Luftbefeuchter
c) Viertelkreis
d) Viereck mit vier rechten Winkeln

84_QUAI

a) Ausgestorbene Zebra-Art
b) Erfrischendes Mixgetränk
c) Chinesischer Gong
d) Uferstraße

85_QUÄSTOR

a) Ein Mineral
b) Vorrat einstudierter Stücke
c) Altrömischer Beamter
d) Fechthieb

86_QUECHUA

a) Eine indianische Sprache
b) Bauchiger Flaschenkürbis
c) Südamerikanisches Bohnengericht
d) Schlafmittel

87_QUERELE

a) Spiralmuschel
b) Hauptstadt von Marokko
c) Durcheinander, Mischmasch
d) Klage, Streit

79__PARADIGMA

b) Beispiel, Muster

80__PARABEL

c) Gleichnis, Kegelschnittkurve

81__PERESTROIKA

d) Umbau, Umbildung

82__PERISKOP

c) Fernrohr für Unterseeboote

83__QUADRANT

c) Viertelkreis

84__QUAI

d) Uferstraße

85__ QUÄSTOR

c) Altrömischer Beamter

86__QUECHUA

a) Eine indianische Sprache

87__ QUERELE

d) Klage, Streit

88__RACK

a) Skandinavischer Haubentaucher
b) Regal für eine Stereoanlage
c) Seemannsknoten
d) Ackerunkraut

89__RAPPER

a) Nützling der Rapspflanze
b) Kupferkessel
c) Rapsänger
d) Umlegriegel

90__RATATOUILLE

a) Trompeten-Wecksignal
b) Gemüse aus Tomaten, Auberginen, Paprika
c) Ehemaliges französisches Staatsgefängnis
d) Rosa blühendes Gänseblümchen

91__RATIO

a) Nervenende
b) Gottesfurcht
c) Schweizerischer Völkerbund
d) Vernunft, logischer Verstand

92__REGIME

a) Wiedereinfuhr bereits ausgeführter Waren
b) Herrschaftsform, Herrschaft
c) Abschlägige Antwort
d) Spielleiter

93__SAMOWAR

a) Warenprobe, Muster
b) Leichte Fußbekleidung
c) Rotweinbowle
d) Russische Teemaschine

94__SARONG

a) Verzierte Satteldecke
b) Münze aus Thailand
c) Hüfttuch der Malaien
d) Indischer Gott der Aussaat

95__SCHIMÄRE

a) Trugbild, Hirngespinst
b) Altes, verbrauchtes Pferd
c) Japanische Religion
d) Kirchenspaltung

96__SOLITÄR

a) Deckendekorationsstück einer Bühne
b) Einzeln gefasster Edelstein
c) Römischer Sonnengott
d) Vornehm tuender Mensch

88__RACK

b) Regal für eine Stereoanlage

89__RAPPER

c) Rapsänger

90__RATATOUILLE

b) Gemüse aus Tomaten, Auberginen, Paprika

91__RATIO

d) Vernunft, logischer Verstand

92__REGIME

b) Herrschaftsform, Herrschaft

93__SAMOWAR

d) Russische Teemaschine

94__SARONG

c) Hüfttuch der Malaien

95__SCHIMÄRE

a) Trugbild, Hirngespinst

96__SOLITÄR

b) Einzeln gefasster Edelstein

97_TEREBINTHE

a) Folge von vier Tönen einer Tonleiter
b) Halbschwester der Artemis
c) Eine braune Farbe
d) Terpentinbaum

98_THORAX

a) Germanische Volksversammlung
b) Brustkorb
c) Griechischer Sagenheld
d) Ein Isolierglas

99_TOMOGRAPHIE

a) Orts- oder Lagebeschreibung
b) Luftdruckmessung
c) Tondichtung
d) Schichtweises Röntgen

100_TRIKOLORE

a) Venezianische Gondel
b) Ausschuss bei Kaffeebohnen
c) Schmarotzender Fadenwurm
d) Dreifarbige Fahne

101_UMBRA

a) Ausscheidung des Pottwals
b) Afrikanischer Brustschmuck
c) Italienische Provinz
d) Ein brauner Farbstoff

102_URANIA

a) Afrikanische Hutschlange
b) Muse der Sternkunde
c) Schlagende Verbindung
d) Hauptstadt Brasiliens

103_UTOPIE

a) Reich der Dämonen und Riesen
b) Brauch, Gepflogenheit
c) Zukunftstraum, als unausführbar geltender Plan
d) Elementarteilchen

104_USURPATION

a) Belagerung
b) Urteilsvollstreckung
c) Widerrechtlicher Besitz, Machtergreifung
d) Gewinnung von Rohstoffen

105_URDU

a) Wüstenkamel
b) Gipfel des K2
c) Weizenfladen der indischen Küche
d) Amtssprache Pakistans

97_TEREBINTHE
d) Terpentinbaum

98_THORAX
b) Brustkorb

99_TOMOGRAPHIE
d) Schichtweises Röntgen

100_TRIKOLORE
d) Dreifarbige Fahne

101_ UMBRA
d) Ein brauner Farbstoff

102_URANIA
b) Muse der Sternkunde

103_UTOPIE
c) Zukunftstraum, als unausführbar geltender Plan

104_USURPATION
c) Widerrechtlicher Besitz, Machtergreifung

105_URDU
d) Amtssprache Pakistans

106_VALIDATION

a) Gültigkeitserklärung
b) Hilfsmittel
c) Rücktrittsanspruch
d) Auswertung medizinischer Gutachten

107_VEGANER

a) Obergäriger Wein
b) Vegetarier, der weder Eier noch Milchprodukte isst
c) Gemüsehändler
d) Anhänger der Vega

108_VERISMUS

a) Wahrheitszwang
b) Philosophische Richtung
c) Wirklichkeitsgetreue künstlerische Darstellung
d) Verhaltensmaßregel

109_VOTUM

a) Bestandteil des altrömischen Privatgebäudes
b) Gelübde, Urteil
c) Schicksalsfluss in der nordischen Sage
d) Kirchenerlass

110_VESTA

a) Römische Göttin des häuslichen Herdes
b) Ein Motorroller
c) Ein Mineral
d) Vorhalle eines griechischen Tempels

111_WAD

a) Ausgetrockneter Flusslauf
b) Oase in der Sahara
c) Ein Mineral
d) Kautabaksorte

112_WAMPUM

a) Kriegerischer Stamm in Papua-Neuguinea
b) Ausgestorbenes Beuteltier
c) Schwedischer Fleischpudding
d) Muschelgürtel nordamerikanischer Indianer

113_WARAN

a) Chinesischer Beamter
b) Eine tropische Eidechse
c) Filzumhang
d) Insektenart Asiens

114_WAPITI

a) Eine nordamerikanische Hirschart
b) Finnische Münze
c) Schleppanker
d) Leichtes Sommerzelt der Indianer

106_VALIDATION

a) Gültigkeitserklärung

107_VEGANER

b) Vegetarier, der weder Eier noch Milchprodukte isst

108_VERISMUS

c) Wirklichkeitsgetreue künstlerische Darstellung

109_VOTUM

b) Gelübde, Urteil

110_VESTA

a) Römische Göttin des häuslichen Herdes

111_WAD

c) Ein Mineral

112_WAMPUM

d) Muschelgürtel nordamerikanischer Indianer

113_WARAN

b) Eine tropische Eidechse

114_WAPITI

a) Eine nordamerikanische Hirschart

115_WEGA

a) Die heiligen Schriften der alten Inder
b) Ägyptische Grabbeigabe
c) Ein Stern
d) Hart gedrehtes Kammgarn

116_WAU

a) Tropische Libelle
b) Eine Färberpflanze
c) Osteuropäischer Strom
d) Chinesischer Dampfkloß

117_XANTHIN

a) Gelber Farbstoff
b) Eine Stoffwechselverbindung
c) Holzzucker
d) Stadt in der Inneren Mongolei

118_XENIE

a) Strophe
b) Kurzes Sinngedicht
c) Edelgas
d) Eine der drei Grazien

119_XI

a) Waldindianerstamm auf Borneo
b) Griechischer Buchstabe
c) Haushuhnrasse
d) Chinesischer Herrschertitel

120_XERXES

a) Stern im Sternbild „Löwen“
b) Griechische Kykladeninsel
c) Milchstraßenwolke
d) Perserkönig

121_XANTHIPPE

a) Nebenfluss des Amazonas
b) Mangelerscheinung
c) Frau des Sokrates, Inbegriff der zänkischen Frau
d) Fachbegriff aus der Pferdedressur

122_YANG

a) Asiatische Schirmakazie
b) Japanische Währung
c) Männliches, schöpferi sches Prinzip in der chinesischen Philosophie
d) Grüne Teesorte

123_YARD

a) Englisches Längenmaß
b) Karierter Wollstoff
c) Stadt in Schottland
d) Irischer Fluss

115_WEGA

c) Ein Stern

116_WAU

b) Eine Färberpflanze

117_ XANTHIN

b) Eine Stoffwechselverbindung

118_ XENIE

b) Kurzes Sinngedicht

119_ XI

b) Griechischer Buchstabe

120_XERXES

d) Perserkönig

121_ XANTHIPPE

c) Frau des Sokrates, Inbegriff der zänkischenFrau

122_ YANG

c) Männliches, schöpferisches Prinzip in der chinesischen Philosophie

123_YARD

a) Englisches Längenmaß

124_YSOP

a) Fabeldichter der klassischen Altertums
b) Eine Heil- und Gewürzpflanze
c) Stadt in Flandern
d) Erdmetall

125_YOHIMBIN

a) Gift der Tollkirsche
b) Rindenalkaloid
c) Leichtkalkbeton
d) Perkussionsinstrument

126_YUCCA

a) Dickflüssiges Schokoladengetränk
b) Essbare Knolle
c) Palmlilie
d) Eine künstliche Weltsprache

127_YUAN

a) Rindenextrakt
b) Koreanischer Komponist
c) Währungseinheit in China
d) Felsschlucht auf Borneo

128_ZARATHUSTRA

a) Brasilianische Kaffeesorte
b) Indisches Saiteninstrument
c) Russische Zarentochter
d) Neugestalter der altiranischen Religion

129_ZÄRTE

a) Werkzeug beim Tiefbau
b) Einschnitt in einer Entwicklung
c) Mittelalterliche Kleidermode
d) Ein Fisch

130_ZEBROID

a) Kreuzung aus Zebra und Pferd
b) Ein tropischer Baum
c) Mondkrater
d) Hautveränderung

131_ZEBU

a) Baum in der afrikanischen Savanne
b) Fluss in Mauretanien
c) Asiatisches Buckelrind
d) Süßkartoffel

132_ZODIAKUS

a) Heidnischer Heilkundiger
b) Fallwind
c) Heideschnecke
d) Tierkreis

124_ YSOP

b) Eine Heil- und Gewürzpflanze

125_ YOHIMBIN

b) Rindenalkaloid

126_ YUCCA

c) Palmlilie

127_ YUAN

c) Währungseinheit in China

128_ ZARATHUSTRA

d) Neugestalter der altiranischen Religion

129_ ZÄRTE

d) Ein Fisch

130_ ZEBROID

a) Kreuzung aus Zebra und Pferd

131_ ZEBU

c) Asiatisches Buckelrind

132_ ZODIAKUS

d) Tierkreis